高等学校物流工程与物流管理专业系列规划教材

交通运输工程学概论

张　赫　主编
孙家庆　主审

大连海事大学出版社

图书在版编目(CIP)数据

交通运输工程学概论 / 张赫主编 .— 大连 : 大连海事大学出版社, 2017. 9
高等学校物流工程与物流管理专业系列规划教材
ISBN 978-7-5632-3536-0

Ⅰ. ①交… Ⅱ. ①张… Ⅲ. ①交通工程学—高等学校—教材 Ⅳ. ①U491

中国版本图书馆 CIP 数据核字(2017)第 217367 号

大连海事大学出版社出版

地址:大连市凌海路1号 邮编:116026 电话:0411-84728394 传真:0411-84727996
http://www.dmupress.com E-mail:cbs@dmupress.com

大连住友彩色印刷有限公司印装 大连海事大学出版社发行

2017 年 9 月第 1 版 2017 年 9 月第 1 次印刷
幅面尺寸:185 mm × 260 mm 印张:10.25
字数:243 千 印数:1 ~ 3000 册

出版人:徐华东

责任编辑:孙夏君 责任校对:王 琴
封面设计:解瑶瑶 版式设计:解瑶瑶

ISBN 978-7-5632-3536-0 定价:22.00 元

高等学校物流工程与物流管理专业系列规划教材

编委会

总 序

中国现代物流产业发展的现实基础和未来发展的趋势都充分表明,经过 10 年至 20 年时间的建设和发展,中国将是全球现代物流产业规模最大和物流利润空间最大的国家。现代物流产业的快速发展,物流企业的高速成长,特别是国外跨国物流公司的进入,将使物流人才总量不足和结构失衡成为制约未来中国现代物流产业发展的突出问题。目前,国内物流专业人才尤其是高层管理人才的匮乏已不仅仅局限在数量方面,在质量方面也有很大的差距。因此,有必要加速建设与国际接轨的物流专业教材体系,助推物流人才的教育理论和教学方式改革。

大连海事大学是中国著名的高等航海学府,是交通运输部所属的“211 工程”重点建设大学,是被国际海事组织认定的世界上少数几所“享有国际盛誉”的海事院校之一。大连海事大学物流工程与物流管理专业的历史可追溯到成立于 1953 年的大连海运学院水管系所属的水运管理专业及 1989 年创办的综合运输专业。2002 年大连海事大学在此基础上申办物流工程专业,成为全国首批设立物流专业的 7 所院校之一;2004 年,成为全国首批获得物流工程硕士学位授权的 46 所院校之一,并被确定为东北地区片长单位;2005 年,经国务院学位委员会批准,在交通运输工程一级学科下独立设立“物流工程与管理”二级学科,成为国内最早招收物流工程与管理硕士研究生和博士研究生的院校;2006 年,被辽宁省教育厅确定为物流管理、物流工程专业紧缺本科人才培养基地。2009 年,物流工程专业被确定为辽宁省示范专业;2014 年,物流工程专业被确定为辽宁省普通高等学校本科重点建设(综合改革试点)专业;2015 年,在辽宁省本科专业综合评价中,物流工程和物流管理专业排名分列第一名和第二名。为了进一步满足物流专业教学和企业人员培训的需要,在广泛听取交通、商务、海关、商检、工商、金融等政府管理部门、相关高校和物流企业意见的基础上,我们组织编写了这套“高等学校物流工程与物流管理专业系列规划教材”。

本系列教材既汇集了现代物流实践和研究中已趋成熟的理论、基础知识和技能,又广泛参考了国内外最新研究成果,同时也注重理论联系实际。但由于缺少范式,加之时间有限,教材中仍难免会存在一些缺点或错误,敬请专家、同行和广大读者批评指正,以便再版时修正,以臻完善。

2016 年 4 月

前　言

交通运输与物流是人类社会生产、经济生活中不可或缺的重要环节。21 世纪,中国经济与社会发展将展现出更加宏伟的气势,交通运输与物流面临着重要的发展机遇。

为了适应发展的需要,有必要编写一部集交通运输与物流工程基础知识和前沿研究成果于一身的适用教材,以夯实交通运输工程以及物流专业学生的基础,拓宽其知识视野,顺应国民经济发展对综合运输体系以及低碳物流的要求。

现在已有许多交通运输工程方面的教材,但由于各自的侧重点不同,还没有既适合交通运输工程专业学生,又适合物流工程专业学生使用的交通运输工程教材。基于多年的教学实践,编者依据交通运输工程以及物流工程与管理专业的要求,编写了这部交通运输工程学方面的教材。

本书共分六篇。第一篇主要对交通运输的基本概念、交通运输系统分类、各种运输方式的特点以及交通运输与物流管理的相互关系进行了概括性介绍;第二篇主要基于各种运输方式、运输网络及节点介绍对各种运输方式系统规划的主要内容和相关设备进行了概述;第三篇主要对新兴信息技术在交通运输系统中的应用进行了简介;第四篇从行业管理的特点并以城市交通为例对交通运输行业管理进行了描述;第五篇对企业内部微观管理的内容进行了介绍;第六篇对物流系统的构成及相关规划管理的内容进行了介绍。

交通运输工程学概论所涵盖的内容广泛而丰富,由于受到字数限制,故在内容选取上有所取舍。本书在整体架构上尽量考虑了交通运输工程与物流专业的独特需求,力求在思路上更符合专业的特点,并对有必要做系统介绍的内容,集中在专题篇章中进行体现。

本书从策划到成稿,历时年余,其间得到了大连海事大学交通运输管理学院谢新连教授等各位老师的无私帮助,在此真诚感谢。

本书由大连海事大学交通运输管理学院张赫副教授编写,并由孙家庆教授主审。另外,河南城建学院陆丹老师,大连海事大学李卓老师,上海交大姚迪博士,东南大学李嫚嫚博士,大连海事大学 2015 级硕士研究生张健松、郭文倩、龙旭智,大连海事大学 2016 级硕士研究生谢睿、许程、曾黎等进行了资料收集和整理工作。本书的编写参考了许多相关资料,编者真心表以深深谢意。

另外,本书受到国家重点研发计划“公共安全风险防控与应急技术装备”重点专项项目《交通运输基础设施施工安全关键技术与装备研究》(2017YFC0805300)资助。在此真诚希望各位同行、专家以及使用本书的老师和同学提出宝贵意见。成书仓促,加之编者学识有限,难免有所疏漏,还请各位批评指正。

张赫

2017 年 7 月于大连海事大学

目　　录

第三篇　交通运输信息技术篇

第四篇　交通运输行业管理与控制

第五篇　交通运输企业管理

第一篇

交通运输综述

第一章 交通运输概述

第一节 交通运输相关概念辨析

一、交通

交通是人类社会最基本的活动之一,人类的交通史与人类的生活史一样源远流长。交通的发展促进着社会的进步和繁荣。究竟何谓“交通”?《辞海》(2009 年版)对“交通”的释义是:“各种运输和邮电通信的总称。即人和物的转运输送,语言、文字、符号、图像等的传递播送。”这个定义虽然在外延上比较全面地界定了交通行业的范围,但交通本身的含义人们仍然不甚清楚。

二、运输

运输是利用交通线路及其设施和载运工具实现人与物的空间位移的过程。

根据这一定义,以下方面不属于运输范畴:

(1)利用运输线路来实现,但不直接与经济活动产生关系的人或物的空间位移。比如使用消防车、电视转播车、环境监控车、扫路车、洒水车等“运输工具”,所引起的人或物的空间位移就不能称为运输。因为这些“运输工具”本身只不过是其所安装设备的一个载体,并非一般意义上的运输工具,它们通常是为了执行特定的任务,一般不与经济活动发生直接关系。

(2)不需要使用运输工具或运输线路,就可以产生的人或物的空间位移。比如,人们在家里、工作单位或建筑物内的移动,在室外娱乐场所的移动等。

(3)需要利用交通运输设备和设施,但已从货物运输中分离出来,在管理体制与合同性质等方面具有独立性,即已成为一个独立行业。比如,邮政部门内的邮件运输,以及供水、供气、供暖部门向消费者输送水、气等。

三、物流

物流是物品从供应地到接收地的实体流动过程,根据客户需要,将运输、储存、装卸、搬运、包装、流通加工、配送、信息处理等功能有机结合,从而实现用户要求的过程。现代物流是指在信息网络平台基础上,以信息技术为支撑,对各种物流资源进行优化处理,最大程度降低物流成本,提高物流效率,满足客户对物流服务需求的过程。

现代物流在供应链的概念上,实现了企业供、产、销全过程的计划和控制,让货物流、资金流和信息流有机统一。它强调以客户要求为中心,采用各种运输方式配送组合来满足客户要求。它把传统独立的各种运输方式整合起来,形成了更加有效的资源利用服务体系。

四、交通与运输的关系

基于以上对交通与运输含义的分析可知,从广义角度对二者关系进行分析不具有实际意义,因此本书单独讨论狭义上的交通与运输的区别与联系:

1. 交通与运输的区别

(1)使用范围。

交通的使用范围相对来说是指城市范围内发生的人和物的空间位移,以及交通安全、拥挤、通过能力、交通控制等;运输的使用范围相对来说是指城市范围外发生的人和物的空间位移,以及有关载运工具的营运方面等。

(2)研究侧重点。

交通的研究重点是以线路为中心,研究交通参与者的流动状况,其目的是如何使交通工具在交通网络上的流动状况处于最佳状态,通常不关心交通工具上是否载货、载客以及载货、载客的数量多少。运输的研究重点是以载运工具为中心,研究载运工具的组织和载运情况,其目的是"多、快、好、省"地运载旅客或货物。它除了考虑交通流状况外,通常更关心运输工具上的载运情况。

(3)研究对象。

交通的研究对象为线路上的行人、载运工具及其他移运设备,交通线路上的所有位移均视为交通。运输的研究对象为载运工具及其载运的对象,并非所有利用交通线路的位移均为运输,即某些特种工具的位移和特定货物(邮件、电等)的位移除外。

2. 交通与运输的联系

交通与运输其实是同一对象过程的两个不同方面,它们的联系如下:

(1)同一过程就是运输工具在运输网络上的流动;两个不同方面指的是:交通关心的是运输工具的流动情况,运输关心的是流动中的运输工具上的载运情况。

(2)由交通与运输构成的有些术语可相互替换,比如,交通线与运输线,交通方式与运输方式,交通系统与运输系统等。

(3)交通与运输既相互区别,又密切相关,交通仅仅是一种手段,而运输才是最终目的。运输以交通为前提,没有交通就不存在运输,而没有运输的交通,也就失去了交通存在的必要。

五、交通运输与物流的关系

交通运输本身是物流的一个基本职能环节,是物流的组成部分,从该角度来说,物流与运输是从属关系。但物流关注的是所有供应、生产、销售、运输、库存及相关的信息流动等整个市场经济系统的动态性效率,而传统的交通运输只考虑物品的空间移动,运输者和承运者也只是简单的承托关系,因此,两者既相互依存,又存在区别。

1. 交通运输与物流的区别

(1)对“物”的控制不同。

物流的仓储、运输和配送计划是以企业的生产、销售计划为前提的，而交通运输是由客运需求决定，即物流对对象的掌控是基于其“物”流动全过程计划，而运输是经客户单点环节的需求而产生。

(2)服务范围不同。

物流服务是对客户进行全流程、高质量的服务，它可以表现在每个作业节点上，如包装、存储、加工等，也可以是整个供应链系统，但交通运输服务仅表现在货物的运达服务，其质量标准通常只表现为准时和安全而已。

(3)营销管理不同。

物流企业营销管理往往不着眼于一次业务合作，而是要为客户设计一套最优化、最经济的产品物流方案，从而建立战略伙伴关系和实现物流企业长期、稳定的客户群，从战略上进行绑定。独立的交通运输企业虽然也强调营销管理，但其主要着眼于提高运输服务，考虑的范围仅在运输环节之上，不需要全方位的优化方案。

(4)运行计划不同。

物流服务的过程是整个物流系统中各职能环节的联动，依据整体物流计划进行。交通运输为物流的一个职能环节，其服务于整个物流计划。

2. 交通运输与物流的联系

交通运输是物流的主要职能之一，也是物流过程中各项业务的中心活动。在物流的各项业务活动中，运输是关键，起着举足轻重的作用，做好运输工作对物流的作用可以体现在以下几个方面。

(1)交通运输是物流的有机组成部分。

整个物流活动是由包装、装卸、保管、库存管理、流通加工、运输和配送等活动组成的，其中运输是物流活动的主要组成部分，是物流的核心环节，不论是企业的输入物流还是输出物流，还是流通领域的销售物流，都依靠运输来实现商品的空间转移。可以说，没有运输，就没有物流。

(2)交通运输在电子商务中发挥基础作用。

信息技术的发展，尤其是互联网、大数据和云计算的发展，使得电子商务这一运作模式在物流业中的应用越来越广泛。而交通运输在电子商务中发挥着基础性作用。

电子商务的基础环境主要有三个方面：互联网的通信基础设施、实现网上支付的金融环节和物流配送，而物流配送的主体环节是交通运输业，交通运输为电子商务提供低成本的实体物品转移环境。

(3)现代化运输体系的形成是实现物流管理现代化的基础。

针对企业对物流管理社会化的这种需求，发展各种运输方式联运、高速货物运输、集装箱化运输，建立集约化的仓储等物资流通中心、实行物资的及时和综合配送等，成为交通运输行业的主要方向。在这些物流业务不断分化和组合的过程中，交通运输在行业内部形成了自己的专业化分工。这样就形成了一个立体的运输网络，使得每个企业都能够通过这个网络来低成本构建自己的供应链，实现自己的物流管理计划，为物流管理的社会化提供基础条件。

(4)运输费用在物流费用中占有很大的比重。

在物流过程中,直接耗费劳动和物化劳动,它所支付的直接费用主要有运输费、保管费、包装费等。其中,运输费所占的比重最大,是影响物流费用的一项决定性因素。

通过合理运输来降低物流费用,提高物流效率。可以说,运输是发挥物流系统整体功能的中心环节。因此,在物流各环节中,如何搞好运输工作,开展合理运输,不仅关系到物流时间的长短,还会影响到物流费用的高低。不断降低物流运输费用,对于提高物流经济效益和社会效益都有重要作用。所谓物流是企业"第三利润源",原因在此。

(5)物流服务必须考虑运输因素的影响。

物流创造价值体现在其三大效用:时间效用、形式效用和空间效用。时间效用由仓储活动实现,形式效用由物品加工实现,空间效用则通过运输实现。运输是物流系统不可或缺的功能。物流系统的三大功能中运输是主体功能,其他功能是从属功能。这三大效用中运输功能起主导地位,是所有功能的核心。

(6)交通运输与物流其他环节相互影响。

运输在物流过程中还影响着物流的其他环节。例如运输方式的选择决定着装运货物的包装要求;使用不同类型的运输工具决定其配套使用的装卸搬运设备及接收和发运地(如站台、码头、机场、货栈等)的设计;货物库存储备量直接受运输状况的影响,发达的运输系统能比较适量、快速、可靠地补充库存,以降低基本存储水平。

(7)交通运输与物流融为一体并不意味着物流业将取代交通运输业。

物流领域给交通运输业提供了广阔的市场,但并不意味着物流业将取代交通运输业或交通运输业将取代物流业,它们各有其核心业务。随着社会经济的发展,流通领域所产生的需求也是多样化、个性化的,并不是所有的需求都可以由运输业来完成。物流资源的限制使得物流服务具有一定的指向性和专注性,要求的环境比较苛刻、复杂和专业化。而运输服务相对物流服务来说,具有容量大、调节能力强和抗外界干扰能力强的特点,而且随着信息技术不断进入交通系统,大大促进了交通技术的发展,使得流通领域的一部分需求必须由交通运输来完成,物流业不可能取代交通运输业。

第二节 交通运输发展历程与趋势

一、国外交通运输发展历程

1. 道路运输

我国是世界上最早出现专门的道路管理机构的国家,早在尧舜时代,司空官就被设立为掌管道路的职位。早在公元前30世纪,古埃及就修筑了用于运输金字塔建筑材料的运输大道,但古代道路最发达的当属罗马帝国。

随着人类文明进步和产业革命的发展,在很长一段时间内,马车成了道路交通的主要运输工具。随着马车的发展,用于运输的道路条件也得到了改善和发展。19世纪末,欧美国家已经出现许多的碎石路。

1885年,汽车的出现标志着道路运输进入了新的历史阶段。汽车作为道路运输的交通工具得到了迅速的发展,开创了交通史上的一次革命。

1932 年,为了侵略的需要,希特勒要求修建科隆至波恩的高速公路,人类道路交通运输开启了高速公路的时代。

2. 铁路运输

17 世纪前后,英国煤矿厂开始出现木轨和有缘车轮的运煤车辆。1789 年,英国杰索普提出在车轮上安装轮缘的方案,此时铁轨形状已经接近“I”形。

随着蒸汽机和锻铁技术的出现,铁路运输得到很大发展。1825 年,英国的乔治·史蒂芬森在斯克顿和达林顿之间铺设了世界上第一条客货两用的公共铁路。

19 世纪,欧美各国开始大规模地建设铁路,亚洲、南美、非洲等地区的国家也纷纷建起了自己的铁路网络。铁路运输逐渐成了陆地运输的主要方式之一。

1879 年,在德国开始普及电力机车。1964 年,日本的新干线系统开通,是史上第一个实现“营运速率”高于时速 200 千米的高速铁路系统。我国第一条真正意义上的高速铁路京津城际高速铁路是 2008 年 8 月 1 日开通,运营时速 350 千米/小时,从此我国开启高铁时代,截至 2015 年,高铁营业里程超过 1.9 万千米,比世界其他国家总里程之和还要多。

3. 水路运输

我国在商朝以前就已经出现了独木舟,到春秋时期的吴国已经能够建造可以承载 92 人的中型木船。人类于 14 世纪发明了磁罗盘,15 世纪已经能够绘制航海天文历,航海技术取得巨大发展。

1807 年,美国人罗伯特·富尔顿用蒸汽机作为船舶动力造出第一艘轮船。1836 年,史密斯发明了螺旋推进器。1897 年,狄塞尔发明了柴油机,从此船舶动力燃料进入了内燃机时代。随着集装箱船舶、大型油船、专业化船舶的出现,装卸作业实现机械化、信息化,海运和港口发展焕然一新。

4. 航空运输

1783 年,人类第一次成功乘坐热气球在巴黎郊外飞行约 10 千米,但真正意义上飞机的出现是美国莱特兄弟成功研制了安装有汽油发动机的滑翔机,这是现代飞机的雏形。1919 年,世界第一条定期伦敦至巴黎航线正式运营。

1959 年,随着喷气式飞机的出现,飞机速度得到大大提升。全球各大洲之间建立起了互联航线。随着航空港、大型喷气式客机和航空技术的发展,航空已经成为当前各国人们出行交流的最重要的方式。

5. 智慧交通

随着工业化进程和生产力水平的不断提高,城市化进程不断推进,城市道路上的车辆也越来越多,各种交通问题不断暴露,给城市管理者和市民带来了许多麻烦,传统的交通管理模式已经不能满足当前的交通需求。近些年大数据、云计算、物联网、移动互联网技术的不断更新,给解决城市交通问题带来了新的思路,智慧城市的理念应运而生。

IBM 公司于 2008 年底提出“智慧地球”的设想。面对城镇化出现的各种问题,人们希望以智慧技术来解决当前的困局,智慧城市的理念被政府和民众逐渐接受,全球兴起了建设智慧城市的热潮。

在智慧城市理念的推动下,发展智慧交通势在必行,通过信息化提升原有的交通信息化管理水平,利用信息化的诱导干预协调各方面交通需求,解决交通拥堵问题。在实现交通运输基

础设施智能化和促进交通运输业可持续发展的征程中,智慧交通将成为重要的突破口。

二、我国交通运输发展历程

我国近代交通运输的发展,前后只有百余年的历史。1840 年,英国通过发动鸦片战争,打开了中国通向世界的大门,此后近代交通运输开始在中国出现。我国现代交通运输兴起的标志是 1872 年招商局购置第一艘蒸汽机船。此后,1876 年,中国修建了第一条铁路;1902 年,中国进口了第一辆汽车;1906 年,修建了第一条公路;1929 年,中国航空事业开始起步。

与同期西方国家相比,我国交通运输发展水平显得十分落后,从交通运输业的建设目标、布局重点和网络特点来看,可以归纳为以下几个发展阶段:

1. 恢复与初步发展阶段

这一阶段处在国民经济恢复与第一个五年计划时期。在新中国成立之后的 3 年间,各种交通线路都做了全面与大量的修复。到 1957 年年底,各种运输方式总线路长度为 1949 年的 2.5 倍,全社会客运量、旅客周转量、货运量和货运周转量分别为 1949 年同类指标的 2.6 倍、2.0 倍、2.55 倍和 2.37 倍。

2. 动荡发展阶段

这一阶段处在"二五"和"三五"时期。

(1)开始时不顾客观条件的高指标,交通建设规模迅速扩大,战线拉得太长,致使线路建设效率明显下降。

(2)通过一段时间的调整、巩固、充实和提高,我国交通运输又开始走上了健康发展的道路。

(3)1966 年以后,交通建设受到了极大的干扰,致使许多工程建设均无法如期进行或完工。但在提高交通运输业职工的积极性和增加建设投入的情况下,交通建设也取得了一定的进展。

总的来说,这一阶段的交通建设大体上经历了一个大起大落与曲折发展的历史时期。该时期的交通建设布局,不论是投资还是建成投产的重要交通干线的布局,与前一时期相比,均明显西移,尤其是移向西南地区。

3. 复苏阶段

这一时期,我国的对外关系发生了重大变化。在这种国际环境下,我国经济方针进行调整,强调东部原有工业基地的作用,全国工农业生产也得到了迅速的恢复和发展。

(1)运输量增长幅度加快。

(2)交通线路建成投产的里程有较快的增长。

(3)交通部门结构发生了较大的变化,管道、民航、港口与远洋运输的发展均明显加快。管道里程增加 6.25 倍,水运主要港口建设、沿海与远洋运输方面成效卓著。

(4)交通建设布局重点开始东移,主要体现在铁路、公路和水运方面。

4. 全面发展阶段(1980 年以后)

这是我国经济建设进入健康发展的新时期,在以经济建设为中心和改革开放总方针的指引下,通过 30 多年的努力,经济发展取得明显成效,这是交通运输业发展的空前的大好时期。交通运输不论在发展规模、设施现代化水平、部门结构调整和合理布局等方面,均获得了明显的成效。

(1)综合运输网络水平。

我国交通运输业实现了全面、快速发展,以铁路、公路、水运、航空、管道为主的综合运输网络初步形成。截至2016年年末,全国铁路营业里程达到12.4万千米,其中,高铁营业里程超过2.2万千米;全国公路总里程469.63万千米,其中全国高速公路里程13.10万千米(全国各技术等级公路里程构成见表1-1);全国内河航道通航里程12.71万千米,全国港口拥有生产用码头泊位30 388个,拥有万吨级及以上泊位2 317个;共有颁证民用航空机场218个,定期航班通航城市214个。2015年年末中国长输油气管道总里程已达12万千米,基本形成了横贯东西、纵贯南北的油气管道输送网络。

表1-1　全国各技术等级公路里程构成情况

等级	高速	一级	二级	三级	四级	等外
里程占比(%)	2.8	2.1	7.9	9.0	68.2	10.0

(2)运输装备与服务水平。

截至2016年年末,全国铁路客车拥有量为7.1万辆,货车拥有量为76.4万辆;拥有公路营运汽车1 435.77万辆,其中载客汽车84.00万辆;水运方面拥有运输船舶16.01万艘,净载重量26 622.71万吨;城市及县城拥有公共汽电车60.86万辆,其中快速公交系统(BRT)车辆7 689辆。

从服务水平来讲,2016年全年全国铁路完成旅客发送量28.14亿人次,货运总发送量33.32亿吨;营业性公路客运车辆完成公路客运量154.28亿人次,完成货运量334.13亿吨;全国完成水路货运量63.82亿吨、货物周转量97 338.80亿吨千米;全国港口完成货物吞吐量132.01亿吨,外贸货物吞吐量38.51亿吨;全国民航完成旅客运输量4.88亿人次。

(3)管理技术和人才培养水平。

随着计算机和互联网技术的普及,铁路车号自动识别和运输管理系统技术得到运用;公路不停车收费和联网收费、船舶交通管理、信息管理都已经达到国际领先水平;民航票务和结算系统水平较高;管道运输数据采集和监管技术广泛运用;智能交通系统技术已经在部分城市试点,逐步建立起交通信息化管理中心,交通运输管理水平不断提高。

(4)能耗和环境保护水平。

2016年,国家铁路能源消耗折算标准煤1 591.60万吨,主要污染物排放量中化学需氧量排放均有所下降;公路专业货运企业每百吨千米单耗1.8千克标准煤,同比下降4.0%;远洋和沿海货运企业每千吨海里单耗5.0千克标准煤,同比下降4.9%;港口企业每万吨单耗2.5吨标准煤,同比下降3.0%。

初步统计,2016年公路、水路交通运输行业环境保护共投入218.61亿元。公路环境保护投入中,生态保护设施占111.51亿元,污染防治设施占23.93亿元。水路环境保护投入中,生态保护设施占7.15亿元,污染防治设施占37.73亿元。

三、交通运输业未来发展趋势

随着电子技术、信息技术、通信技术和系统工程等高科技在交通领域的广泛应用,客货运输信息管理、运输工具控制、运输安全等技术均将产生巨大的飞跃。21 世纪的交通运输将进一步呈现大型化、高速化、专门化、信息化、智能化、环保化等特征。各种信息化、智能化、社会化的新型运输系统将形成,交通运输生产力将产生历史性变革。

1. 铁路运输

21 世纪以后,铁路运输将在运输装备的快速化、智能化、专用化、大型化、通用化和绿色化为支撑的基础上,继续向客运高速化,货运快捷化、重载化,运营管理自动化,管理体制创新化发展。

(1)铁路客运再度受到各国政府的重视,并向着高速化方向发展,发展高速铁路已成为世界潮流。铁路运输运量大、受干扰性小、舒适度高、安全性强等特点,决定了铁路运输在客运领域的巨大优势。近年来,世界各国争相建设高速铁路,铁路的高速化是未来发展的重要趋势。

(2)交通运输工具总体呈现重载化的发展趋势,铁路运输也不例外。各国铁路货物运输普遍采用重载技术,铁路货运向重载化的方向发展。铁路货运向重载化方向发展能够带来规模效应,减少货物运输成本,减少企业物流费用。

(3)铁路线路现代化。

①铁路路网结构优化。各国在建设铁路的同时,都根据各自的国情优化路网结构,以适应本国的运输需要,主要体现在快运、电气化和重载方面。

②轨道结构现代化。世界各国在铁路建设时,对路基垫层的厚度、材料、压实度以及路基填土密度等规定的标准越来越高,以有效防止线路病害,达到铁轨的高强度、高弹性、长寿命、低维修的目的。

③牵引供电系统自动化。随着高速电气化铁路建设规模的不断扩大,综合自动化系统得到广泛应用,并在电气化铁路安全可靠运行方面起到重要的保障作用。电气化铁路牵引变电所综合自动化系统和远动化系统也逐渐成为铁路部门和电力部门关注的焦点。

④通信信号及行车安全保障设备现代化。铁路信号及行车安全保障设备是铁路的主要设备,在指挥列车运行、保证行车安全、提高运输效率、减轻劳动强度、降低运输成本等方面均起着非常重要的作用。未来铁路通信技术向着综合化、数字化、程控化、宽带化、智能化和个人化方向发展。

⑤机车车辆装备现代化。在机车车辆装备现代化方面,未来将实现牵引动力内燃化和电气化,牵引动力普遍应用三相交流传动技术,铁路重载货车中大轴重、轻自重、低动力的大型化车辆将成为主流。

⑥运营管理自动化。随着电子技术、信息技术、通信技术、系统工程、人工智能等高科技在交通领域的广泛应用,未来铁路运营管理向着自动化、智能化发展。

⑦重视铁路环保技术装备的开发。低碳经济已经成为未来世界经济发展的主旋律,铁路环保技术装备的开发作为重要绿色低碳发展举措将成为世界各国政府关注的重点。

⑧重视对铁路运输体制进行改革。随着高科技在铁路交通领域的广泛应用,铁路运输信息、控制、安全等技术不断革新,铁路运输体制改革将不可避免。

2. 公路运输

未来公路运输的发展趋势主要表现在以下几个方面:

(1)运输管理现代化。

公路运输具有灵活性高、能够实现“门到门”运输的特点,是人们日常出行的主要方式。

未来公路运输将向服务范围广阔、服务对象广泛等方向发展,形成以现代化货运站为节点的运输服务体系,采用先进的通信技术,达到规模化经营,实现优质、高效的运输服务标准。

(2)运输设备现代化。

运输工具现代化表现在拖车化、车辆箱型化、车体合理化、汽车多功能化、低货台化、车厢轻质化、发动机柴油机化、高速化等方面。

汽车的各项性能包括动力性、操纵稳定性、燃料经济性、舒适性、制动性、可靠性以及环保要求均在不断改进和优化之中。

(3)道路、场站等运输设施现代化。

随着电子计算机技术以及光导纤维、无线通信等先进技术的应用,运输生产向高度自动化管理系统发展,这对道路、场站等运输设施现代化提出了更高要求。

3. 水路运输

(1)客货运方面。

客运将以旅游观光为主。货运方面将继续推动货物集装箱化运输,以降低物流成本。不完善、不健全、单一的船队结构具有较低的抵御风险的能力,优化船队结构是水运企业未来发展方向。

(2)船舶方面。

① 实现专业化。专业化运输是当代航运业的重要战略发展方向,各类专用船舶的研发和利用,使航运装卸、运输、管理等环节发生变革。

②实现大型化。大型船舶的建设吨位不断被刷新,船舶大型化是当前航运业发展的趋势,特别在散货船和杂货集装箱船中尤为明显。

③高速化。提高船速可以减少航线配船数,从而减少船舶投资,并且有利于提高运输质量及提高有关设备的利用率,是提高竞争力的有效方式。

(3)港口方面。

①港口建设将更加重视同城市工业区发展的结合。此外,深水码头将是建设重点,专业化的装卸设备和工艺将成主流;港口建设更加注重水陆联运、水水联运等现代集疏运模式。

②港口航运联合战略。目前港航合作已成为国际集装箱运输市场和国际集装箱枢纽港竞争的必然发展趋势,是航运公司发展全球物流网络的重要部分。

③物流中心化。现代港口的发展趋向是多功能化,即集运输、工业加工、仓储、金融服务、信息共享等功能于一体的综合物流服务体系。

(4)经营管理方面。

①现代化管理。互联网、大数据等现代化科学技术的发展,为航运企业运输智能化、信息化管理决策提供科学方法。

②集约化。企业战略联盟和企业兼并等集约化动作,可以最大限度地利用合作伙伴原有的经营资源,将被广泛地运用于航运领域。

③发展全球物流战略 。国际航运企业将进一步完善其全球物流网络,及时、准确、全方位服务是航运业发展的主要趋势。

4. 航空运输

当前,世界航空运输业发展呈现出航空运输全球化、经营区域集团化、航空公司大型化、航空公司联盟化、信息化等新的发展趋势。

(1)航空运输全球化。

航空运输全球化是指航空公司面对国际航空运输市场竞争激烈的形势,在航空公司之间纷纷采取跨国直接投资、交叉参股、航班代码共享等合作形式,直接或间接地结成航空公司联盟,抢占和瓜分复合性的国内和国际空运市场的现象。

(2)经营区域集团化。

世界正形成区域化、多极化的经济格局,航空运输也将向经营区域集团化方向发展。

(3)航空公司大型化。

大数据、互联网等科学技术的进步为航空公司大型化提供了纽带。航空公司追求最佳经济效益和社会效益,大型化的趋势日益明显。

(4)航空公司联盟化。

在全球化的背景下,营销合作、候机楼共用、代码共享等联盟化的合作形式已是航空公司提高效益的有效方式,可以预想未来的国际航空运输将被为数不多的几家航空联盟垄断。

(5)信息化。

航空运输信息化将进一步向民航通信网建设、旅客订座、货运系统和全球分销系统、离港系统、收入结算信息系统、空管信息系统、航空公司和机场信息系统、管理信息系统、电子商务等方向发展。

(6)推出新一代航空运输载运工具。

随着科学技术的提高,载重量大、舒适度好、安全性高的航空运输载运工具不断出现,新一代航空运输载运工具将成为未来航空公司服务的重要依托。

(7)实施新一代通信、导航、监视和空中交通客理。

良好通信、导航、监视和空中交通客理是航空安全的重要保障和前提,随着技术的进步,新一代通信、导航、监视和空中交通管理技术将被广泛应用。

(8)航空运输业趋向市场化和航空管理政策趋向自由化。

航空运输业的发展将日趋市场化,航空管理将逐步由市场经济的作用所主导。

5. 管道运输

管道运输的发展趋势体现在以下几个方面:(1)油气输送干线向长距离、大口径、高压力、大数量的方向发展;(2)高强度、高韧性及可焊性良好的管材在管道建设中被普遍采用;(3)管道建设向极地和海洋延伸,极地和深海蕴藏大量尚未开发的油气资源,这些是以后管道建设的重点区域;(4)随着人类对油气资源需求的扩大,大型的供气系统逐步形成;(5)油气水多相流体混输、天然气高压输送等管道输送的新技术渐趋成熟,利用该技术可简化海上处理工艺,降低井口回压,极大提高管道运输的效益;(6)油气管道的安全日益受到高度重视,比如线路截断阀,输油站的防雷、防静电,泄压保护设施,防腐绝缘与阴极保护等技术标准要求更为严格。

第二章　交通运输系统概述

第一节　交通运输系统构成要素

一、系统的定义

对于"系统"一词,由于人们的理解和使用范围不同,在含义上往往不尽一致。《牛津英语词典》的解释是"由相互连接成相互依存的成套事物或集聚的事物所形成的复杂统一体,根据某种方案或计划有秩序地安排各个部分而组成的一个总体"。在系统论中,"系统"是指相互作用着的由两个以上的要素组成的具有一定功能的有机整体。任一系统又往往是另一更大系统的组成要素,此时,原系统的要素就成为低一层次的系统。另一方面,一个系统又可以同其他系统一起组成高一层次的系统,此时原系统就变成了高一层次系统的要素。为了避免语言上的混乱,人们通常称低一层次的系统为子系统,称高一层次的系统为超系统。

二、交通运输系统构成要素

交通系统和运输系统是同一过程的两个方面,在研究中常统一进行分析,即交通运输系统,也称为交通运输体系,是指以铁路、公路、水路、航空、管道五种主要现代化运输方式构成的统一体。

1. 交通运输系统的构成要素

交通运输系统是一个由人、资源、交通设施和信息数据组成的庞大动态系统。它由以下子系统组成:

(1)运输对象系统。

运输对象系统,也称为货流系统。货流随时间和地点而改变,不同地点的不同货流间相互影响,不同运输方式间的货流也相互影响。

(2)运输路网系统。

运输路网系统是指由运输路线、港站、枢纽等固定设施组成的整体。它是运输工具得以运行、装卸机械能够进行作业的物质基础。从其功能来看,路网系统直接为运输对象的运送服务,而港站、枢纽则是间接地为运输对象的运送服务。

在现代物流运输系统中,主要的运输线路包括铁路、公路、航线(路)和管道。运输港站是指处于运输线路上的结点,是货物的集散地,是各种运输工具的衔接点,是办理运输业务和运输工具作业的场所,也是对运输工具进行保养和维修的基础,主要有港口、铁路车站、汽车站

(场)、航空港和管道站等。

(3)载运机具系统。

载运机具系统包括运输工具和装卸机械两大组成部分。运输工具的作用是实现货物的运送和集散;装卸机械的作用是实现货物在运输工具和运输枢纽内的装卸与组合。运输工具和装卸机械是紧密相连的,二者的运作过程相辅相成、相互配合。运输工具根据其从事运送活动的独立程度可以分为三类:①没有装载货物容器,只提供原动机的运输工具,如铁路机车、拖船、牵引车等;②没有原动机,只有货物容器的从动运输工具,如车辆、挂车、驳船等;③既有装载货物的容器,又有原动机的独立运输工具,如轮船、汽车、飞机等。

(4)运输企业管理系统。

运输企业管理系统也叫运输生产组织与管理系统,由各个运输生产者组成,包括从事运输活动的企业、组织和个体经营者。根据服务对象和性质划分,运输企业可以分为经营性企业和辅助性企业。它们给运输需求提供运输服务并收取运费,常见的运输企业有:汽车运输企业、船舶运输企业、航空公司、铁路公司和个体运输户等。运输企业既包括利用自身运输工具开展运输经营的所有人,也包括利用长期租赁(即期租和光租)的运输工具开展运输经营的经验人。

(5)运输行业管理系统。

运输行业管理系统主要指国家各级交通运输主管部门机关及其授权进行相关管理的机构,为实现国家宏观发展目标,履行政府行政职能,对交通运输业进行规划、协调、监督和服务的工作系统。从管理体制上来看,目前世界上对交通运输行业管理可以分为集中管理和分散管理两种形式。

(6)信息系统。

信息系统是指运输系统运转过程中,一切活动的相关信息的收集、传递和流动系统,它由软件与硬件两大部分构成。从运输系统参与者上看,信息系统是由与运输过程有关的宏观管理层、行业管理层、运输企业参与者的信息通过通信网络平台连成的大网络体系。

2. 交通运输系统构成要素之间的关系

在交通运输系统中,各个子系统缺一不可,它们之间相互依存、相互影响,共同维护整个交通运输体系的正常运转。交通运输体系的运转过程,就是货流借助于载运机具系统,在路网系统之上、运输企业管理系统的组织下、运输信息系统的调控下,以及运输行业管理系统的宏观控制之中进行运输生产的过程。

货流系统是载运机具系统运转的目的,货物的流动是依靠运输工具的运行来实现的。装卸机具的装卸能力和运输工具的运送能力,直接影响了货流的流量、流速。同时,运输工具的状况,在很大程度上决定了运输的质量。载运机具系统依存于路网系统,路网系统的服务功能直接约束它对载运机具的容量、通过能力和质量。载运机具系统的运转,受运输生产组织与管理系统的约束。信息系统是交通运输系统的中枢,联系交通运输各个子系统。货流系统、运输路网系统、载运机具系统和运输企业管理系统的运转,均受运输行业管理系统的调控。

第二节　交通运输系统的类型

一、交通运输系统分类

交通运输系统有以下几种分类方式：

(1)按运输方式划分:铁路、公路、水路、航空、管道、城市交通。

(2)按运输对象划分:客运系统、货运系统。

(3)按区域划分:城市运输、区域运输、全国运输、全球运输。

(4)按性质划分:军事运输、民用运输(自营运输、公共运输)。

(5)按参与运输方式和企业划分:单一运输系统、联合运输系统。

(6)按营运方式划分:定期运输、不定期运输。

二、自营、营业运输系统

1. 自营运输系统

自营运输系统也称为内部运输系统或者自有运输系统,是指为促进自己的本业而拥有和使用运输设备,并运送自己的货物的一种非营业性运输体系。一般可以分为两种:第一种为生产企业自营运输,如大型企业不同生产地之间的物品运输,企业到经销商之间的运输;第二种为流通企业自营运输,一般发生在批发企业或者零售商行业,在流通过程中既进行商流业务,也承担物流的职能。

自营运输的运输对象主要集中在近距离小批量货物,包括食品、杂货、文具等零售货物。自营运输使企业具有更大的控制力和灵活性,能够满足客户的多元化、实时性要求。其虽然可以包括铁路、公路、水路、航空和管道五种运输方式,但往往都以“机动灵活”的公路汽车运输为主。

2. 营业运输系统

在英美普通法国家中有所谓的公共运输系统与营业运输系统之分,为了让公共运输系统维护公众的利益,法律往往要求公共承运人承担按非歧视性价格向所有的公众提供服务的责任。而营业运输系统的承托双方可以协调价格、运输路线等,比如:租船运输、包车运输、包机运输、合同运输等都属于该类运输系统范畴。由此可见,在英美普通法国家中营业运输系统是与自营运输系统相对应的。

三、联合运输系统

联合运输系统是由两种或两种以上运输工具组成,在两地之间对托运人所托运货物采用统一费率或联合计费的方式,并且共同承担运送责任的运输服务系统。联合运输系统包括由同一种运输方式组成的联合系统,也包括由不同运输方式组成的多式联运系统。目前以下几种联合运输方式能够实现无换装作业,大大提高了货物运输的效率:

1. 驼背运输

驼背运输也叫背载运输，是一种无须换装作业的公铁联运方式，由北美国家最先采用，最初是指将载运货物的公路拖车置于铁路平车上输送，因而也被称为平板车载运拖车系统。这种方式充分发挥了铁路和公路在长途、短途运输的优势，提高了货物运输效率。

2. 滚装船运输

滚装船运输使用船舶而无须装卸设备，将装载有货物的货车经船与岸上的跳板直接驶进船舱，货物和装载的汽车都一起留在船上无须卸货，到达目的港后，原载汽车驶出船舱，完成港口之间的水运的运输方式。该方式减少了货物在港口中装卸和流动所经过的环节，提高了货运效率。

3. 鸟背运输

鸟背运输是由公路车载直接驶进机舱，飞机卸货时再驶离机舱，或由公路载货汽车负责短途货物的接送，配合航空长途运输，以期将货物以"门到门"的运输服务方式运达目的地的运输组织方式。

4. 火车轮渡

火车轮渡也称为车－船运输，它是在两江或者两洋天然地理间隔之间，没有可以供铁路跨越的桥梁时，在水运码头将铁路载运车送入特别建造的船舱，越过江海，驶往内陆目的地，构成铁路列车与货船的联合运输系统。

5. 子母船运输

子母船运输是为了减少货船滞港时间，使用起重机在短时间内将一批装货的驳船(子船)吊至货船(母船)上，到达目的港外用起重机将驳船吊入水面拖船上，由拖船将驳船货物拖进港口卸货的联合运输方式。

四、各种运输方式特点及适用范围

交通运输系统是由铁路、公路、水路、航空和管道五种运输方式组成，各种运输方式之间的技术性能、服务性能和经济效益都存在差异，从不同的角度分析，都具有各自突出的特点和不足。因此，它们在不同的运输需求方面具有各自适宜的运输范围。

1. 铁路运输

作为陆上运输方式，铁路运输在许多方面比公路显得更优越。从技术性能上来看，其速度快、运量大，受自然条件限制小、连续性较强，通用性好、准点率高，运距相较于公路和水路短，平稳性、舒适性和安全性都较高；从经济指标上看，运输成本较低，能耗和污染较小。缺点是投资高、建设周期长。综合考虑，铁路适于在内陆地区中担负长距离、大运量、可靠性要求较高的一般货物或特殊货物的运输。

2. 公路运输

公路运输的优点是机动灵活、四通八达、货物损耗少、可达性高，可以实现"门到门"运输，并且投资少，易在全社会广泛发展。但其缺点是载重量小、能耗高、成本高、污染大、劳动生产率低下、安全性低等。所以比较适宜在内陆地区小运量、短途旅客和货物运输或者其他运输方式的集疏运输。

3. **水路运输**

从技术性能看,水路运输具有运力大、通用性强的特点,在五种运输方式中,水路运输能力最强,在运输条件良好的航道,通过能力几乎不受限制;从经济指标上看,水运投资省,运输成本低,劳动生产率高。但水路运输受天气的影响比较大,速度低、准点率差。因此,水路运输特别适用于大宗货物的长距离运输。

4. **航空运输**

航空运输的优点是速度快、机动性好、安全舒适,但存在飞机造价高、能耗大、运力小、成本高、技术复杂等缺点,而且准点率受气象条件影响较大。再加上航空运输在短途(低于500 千米)运输中其速度快的优点难以得到体现,因此,航空运输适用于时间性要求强、鲜活易腐和高价值货物的中长途运输。

5. **管道运输**

管道运输目前已成为陆上油、气运输的主要运输方式,近年来输送固体物料的管道,如输煤、输精矿管道,也开始出现并很快发展。其优点是运输量大、运输工程量小、安全可靠、无污染、成本低、不受气候影响、封闭运输、损耗少;缺点是品种单一。它适用于低价值、大批量的油、气或者粉状煤炭、矿石等的运输。

现代交通运输系统是由铁路、公路、水路、航空和管道组成的一个动态的综合运输系统,各种运输方式的服务性能指标比较分析如表 2-1 所示:

表 2-1　各种运输方式服务性能指标比较分析

运营特征	铁路	公路	水路	航空	管道
送达速度	3	2	4	1	5
完整性	2	1	4	3	5
准时可靠性	2	3	4	5	1
能力	2	3	1	4	5
频率	3	1	5	2	4
运输费用	3	4	2	5	1

注:表中数字越小表明该指标越好。

第二篇

交通运输设备设施规划与应用

第三章　交通运输线路与场站

第一节　交通运输线路

一、铁路

铁路线路是机车车辆和列车运行的基础。铁路线路是由路基、桥隧建筑物(包括桥梁、涵洞、隧道等)和轨道组成的一个整体工程结构。

(一)铁路线路组成与功能

1. 路基

路基是铁路线路承受轨道和列车载荷的基础结构物。按地形条件及线路平面和纵断面设计要求,路基横断面可以修成路堤、路堑和半路堑三种基本形式。

2. 轨道

轨道是列车运行的基础。轨道引导列车行驶方向,承受机车车辆的压力,并把压力扩散到路基或桥隧结构物上。轨道主要由钢轨、联结零件、轨枕、道床、防爬设备以及道岔等组成。

轨道的强度和稳定性取决于钢轨类型、轨枕类型和密度、道床类型和厚度等因素。根据运量和最高行车速度等运营条件,将轨道分为特重型、重型、次重型、中型和轻型五个等级。

钢轨是用联结零件固定在轨枕上的。两根钢轨头部内侧间与轨道中心线相垂直的距离称为轨距。我国绝大多数线路轨距为 1 435 毫米,称为标准轨距。较其大者称为宽轨,反之称为窄轨。

3. 铁路线路的平面、纵断面

铁路线路在空间的位置用线路中心线表示。中心线位置在路肩连线的中点。线路的平面是指线路中心线在水平面上的投影;线路的纵断面是指线路中心线展直后在垂直面上的投影。

铁路线路平面由圆曲线、直线以及它们之间的缓和曲线组成。为适应地形起伏以减少工程量,铁路线路在纵向设置上坡或下坡。列车在坡道上行驶时,其重力平行于坡道方向的分力形成了车辆行驶的阻力,称为坡道阻力。纵坡越大,列车上坡时的坡道阻力越大,而机车克服坡道阻力后所剩的牵引力就越小。

为了保证线路的运输能力,对线路上运行列车的重量有一定要求,对线路的坡度有一定的限制。用于确定列车重量的最大坡度称为限制坡度。

(二)铁路线路的分类

铁路线路可根据它们在铁路网中的作用、性质和远期的客货运量分为三个等级,即Ⅰ级、Ⅱ级、Ⅲ级。

同时还可根据以下方法来对铁路线路进行分类:

(1)按所有权和经营权可分为国有铁路、地方铁路和私营铁路。

(2)按机车牵引类型分类可分为电气化铁路、内燃牵引铁路和蒸汽牵引铁路。

(3)按钢轨轨距分类可分为宽轨、标准轨和窄轨三类。

(4)按用途分类可分为营业铁路(公用铁路)、专用铁路、专用线和城市铁路。

(5)按运输过程中的分工分类可分正线、站线、段管线、岔线和特殊用途线五种。

(6)按正线数量分类可分为单线铁路、双线铁路和多线铁路。

(三)铁路主要技术标准

铁路主要技术标准包括铁路等级、正线数目、限制坡度、最小曲线半径、牵引种类、机车类型、机车交路、车站分布、到发线有效长度和闭塞类型等。其中,铁路等级是铁路的基本标准,其他各项标准的确定都与铁路等级有关。

(四)铁路线路标志与通信设备

1. 铁路线路标志

线路标志应埋在计算里程方向的线路左侧。常见的线路标志有:千米标、半千米标、曲线标、圆曲线和缓和曲线终点标、桥梁标、坡度标。

其他标志,比如,司机鸣笛标、作业标以及划分铁路局、工务段、领工区、养路工区、供电段和水电段等区域的管界标等。

2. 通信设备

通信设备是实现铁路运输生产集中统一指挥的保证。铁路通信按传输方式分为有线通信和无线通信;按服务区域分为长途通信、地区通信、区段通信及站内通信;按业务性质分为公用通信、专用通信及数据传输。

铁路专用通信是指专用于组织及指挥铁路运输生产的通信设备。这些设备有特定用途,接通指定用户,自成系统,一般不与公务通信的电报、电话网连接。

3. 信号设备

(1)铁路信号。

信号是指示列车运行和调车工作的命令。有关行车人员必须按照信号的指示办理作业,以保证运输安全和提高运输效率。

铁路信号可分为视觉信号(信号机、手信号旗)和听觉信号(汽笛、口笛的鸣示)两类,还可分为固定设置的固定信号(信号机)和临时设置的移动信号(信号牌)两种。

我国固定信号机主要有:进站信号机、出站信号机、通过信号机、调车信号机、驼峰信号机。

(2)联锁设备。

车站道岔区上道岔的不同开通方向构成多条作业进路。为了保证车站内行车和调车作业安全,必须实现进路、道岔及信号机三者的联系和制约,称为联锁。

联锁通常包括以下几类:①放行列车或进行调车工作以前,必须先将进路上的所有道岔置于正确位置,信号机才能开放;②信号机开放以后,该进路上的所有道岔全被锁闭,不能扳动;③信号机开放以后,所有敌对进路(相互间有冲突的进路)的信号机全被锁闭,不能开放;④主体信号机开放以前,预告信号机不能开放,正线出站信号机开放以前,进站信号机不能显示正线通过的信号。

按道岔和信号机的控制方式,联锁可分为非集中联锁和电气集中联锁两种,其中电锁器联锁是我国目前主要的非集中联锁方式。

(3)闭塞设备。

闭塞设备是用来保证列车在区间运行安全并提高区间通过能力的区间信号设备。它能控制列车运行,保证在一个区间内同时只能有一个列车占用。

目前基本闭塞方法有:电气路签(牌)闭塞、半自动闭塞、自动闭塞。第一种只能用于单线,后两种可用于单、双线。

自动闭塞是由运行中的列车自动完成闭塞任务的闭塞方式。将站区间分成若干个闭塞分区,以通过信号机作为分解点防护。由于闭塞分区内装有轨道电路,因而能反映列车运行情况,通过信号机来向接近它的列车指示运行条件。由于通过信号机的显示是随列车的运行由列车自动控制的,不需要人工控制,故称为自动闭塞。

(4)机车信号设备。

机车信号设备是指一种装在机车或动车司机室内的色灯信号设备,用以复示前方地面信号机的显示,或指示前方线路的运行条件。

(5)调度集中系统。

调度集中系统指将调度区段内各中间站(或大站上的部分区域)的继电联锁(或计算机联锁)及区间的自动闭塞结合起来,建立一个由列车调度员直接操纵的信号遥信与遥控的综合系统。

(6)调度监督系统。

调度监督系统是铁路行车调度工作中的一种辅助设备,在自动闭塞区段安装使用。

(7)列车自动控制系统。

列车自动控制系统是一种将列车运行过程全部加以整合,并采用自动控制方式实现列车运行的系统。

二、公路与城市道路及交通管理设施

(一)公路

公路运输设施主要包括公路、桥梁、涵洞和隧道结构物及附属设施。

1. 公路分类

根据公路的作用及使用性质可分为国道、省道和地方公路(县乡公路)。

2. 公路分级

我国公路依据功能和适应的道路分为六个等级,即高速公路、一级公路、二级公路、三级公路、四级公路以及等外公路。

3. **公路结构**

(1)路基。

路基指路面下的土基,是公路的重要组成部分。它是按照路线位置和一定的技术要求修筑的带状构造物,承受由路面传播下来的载荷。它必须具有足够的强度、稳定性和耐久性。路基由土质和石质材料组成,横断面形式可分为路堤、路堑和半填半挖三种基本类型。

(2)路面。

路面是在路基表面上用各种不同材料分层铺筑而成的结构物,供车辆在其上以一定速度安全、舒适地行驶。路面一般由面层、基层与垫层组成。

路面按其使用品质、材料组成和结构强度的不同分为四个等级:高级路面、次高级路面、中级路面和低级路面。路面按其力学特性分为柔性路面、刚性路面。

(3)路肩和路面排水。

路肩是位于行车道外缘至路基边缘的部分,它与行车道连接在一起,作为路面的横向支承,可供紧急停车或堆放养路材料使用,并为设置安全护栏提供侧向净空,起到行车安全感的作用。

4. **公路线形**

公路线形是指一条公路在平、纵、横三维空间中的几何形状,传统上分为平面线形、纵断面线形和横断面线形。

公路的平面线形设计主要包括直线、圆曲线、缓和曲线设计等。纵断面指通过公路中线的竖向截面,它随地形的起伏而变化,采用直线坡度段和相邻坡段间插入的抛物线或圆形竖曲线,其技术标准包括纵坡、纵坡长度、平均纵坡、合成坡度、竖曲线等,公路路线最大纵坡是设计的一项重要指标。公路横断面设计包括车道宽度、中间隔离带以及路肩等的设计。

(二)城市道路

城市道路是指城市范围内的道路、广场和停车场。城市道路与公路的分界一般根据城市规划区的界线划定。城市道路依据其在路网中的地位、交通功能以及对沿线建筑物的服务功能可以分为四级,即快速路、主干路、次干路和支路。

(三)交通管理设施

公路交通管理设施主要包括交通标志、交通标线、交通信号和其他安全设施等。

1. **交通标志**

交通标志是用形状、颜色、符号或文字等绘制的指示牌,设在道路的侧旁或上方,向车辆和行人传递信息的设施。我国交通标志分为主标志和辅助标志两大类共 100 种 153 个图式。主标志包括警告标志、禁令标志、指示标志和指路标志。辅助标志附设在主标志下,起辅助说明作用。辅助标志不能单独设置和使用,按用途不同分为表示时间、车辆种类、区域或距离、警告或禁令以及组合辅助理由五种,其形状为长方形,颜色为白底黑字、黑边框。

2. **交通标线**

交通标线是由各种标线、箭头、文字、立面标记、突起路标构成的交通安全设施。我国交通标线计有 17 种 29 个图式。交通标线包括车行道中心线、车道分界线、停止线、让行线、人行横道线、导流线。

3. 交通信号及其设备

交通信号是在空间上无法实现分离原则的场所，主要是在平面交叉口上，用来在时间上给交通流分配通行权的一种交通指挥措施。交通信号包括灯光信号和手势信号。灯光信号通过信号灯的灯色来指挥交通；手势信号则由交通管理人员通过法定的手臂动作、姿势或指挥棒的指向来指挥交通。

交通流检测器的功能是在道路上实时检测交通量、车速或占有率等各种交通参数，为控制系统提供足够的信息以便进行最优的控制。常用的检测器有环形线圈检测器、超声波检测器、红外线检测器、视频图像处理机等。

4. 其他安全设施

其他安全设施包括路栏、锥形交通路标、导向标、道口标注等。

此外，为保证高等级公路的高速、畅通、安全、舒适，并适应日益增长的经济发展，需要设置高等级公路交通监控系统。高等级公路交通监控系统主要包括：信息收集和处理子系统、道路情报子系统、可变速度控制子系统、紧急电话子系统、闭路电视子系统、通信子系统、控制中心子系统。

三、水运航道与水路运输网络

（一）航道

以组织水路运输为目的的所规定或设置的船舶航行通道，称为航道。现代水上航道已不仅是天然航道，而是包括人工运河、进出港航道以及保证航行安全的航行标志系统和现代通信导航设备系统在内的工程综合体。

航道可分为海上航道、内河航道和人工航道。

（二）水路运输网络

水路运输网络主要包括远洋航线、近洋航线以及沿海航线。我国内河航道网络由“一纵两横两网”组成，即京杭大运河、长江水系和珠江水系三个主通道，以及长江三角洲江南航道网和珠江三角洲航道网。

四、航空航路、航线与航线网

（一）航路

1. 航路定义

航路是指经民航主管当局批准建立的、飞机能够在地面通信导航设施指挥下沿具有一定高度、宽度和方向在空中做航载飞行的空中通道，在这个通路上空中交通管制机构要提供必要的空中交通管制和航行情报服务。

2. 航路编号

国际民航组织规定航路的基本代号由一个拉丁字母和 1 ~ 999 的数字组成。

3. 航路上下高度与宽度划分

在欧美国家,航路空域高度、宽度分为如下三种:①低空航路空域:宽 16 千米,平均海拔在 4 423 米以下;②中空航路空域:宽 26 千米,平均海拔在 4 423 ~ 7 320 米;③高空航路空域:宽度没有规定,平均海拔在 7 320 米以上,专供喷气式飞机使用。我国民用航路的宽度为 20 千米(航路中心线两侧各 10 千米)。

此外,在机场起降频繁地区,为减少飞行冲突、提高飞行空间的利用率,在机场区域内划定飞机进出机场的空中通道,称为空中走廊,它的宽度为 8 ~ 10 千米。

(二)航线

1. 航线定义

航线是飞机预定要飞行的路线,飞机在任何两个地点确定的飞行线路就是航线。航线通常以线路的起始点命名。很明显,航线不同于航路,除了在未建立航路的地区外航线都是沿着航路飞行的。

2. 航线构成要素

航线由飞行的起点、经停点、终点、航段等要素组成。航段通常又分为旅客航段和飞行航段,旅客航段是指能够构成旅客航程的航段,飞行航段也称航行,是指航班飞机实际飞经的航段。

3. 航线的分类

(1)根据飞行的区域范围可分为国际航线、地区航线、国内航线。

(2)根据线路设施配备与地位,我国民用飞机的飞行线路可分为航路、固定航线、临时航线三种。

(三)航线网类型

航线网主要有城市对(city pair)型和中心辐射(hub spoke)型两种。

(1)城市对型。它是最早的航线网形式,即两个城市间开通往返航班,把城市两两连接起来组成一个航线网。它的优点是操作简单,航线之间互不相关,控制容易,在航线的准入和退出上政府的控制容易实行;缺点是不能对航路资源和旅客资源有效地组织和利用。

(2)中心辐射型。航空公司选择几个大的交通中心作为它的中心枢纽站,由这些中心构成航线网的骨架,其他中、小城市和相距最近的枢纽航站设立支线,这些支线上的航班和干线航班在时间上紧密相连,这样就构成了中心辐射型的航线网。这种方式就像一个车轮,中心枢纽站是车轮的轴心,与之相连接的航线就像轮辐。这种安排的优点是改进了运载率,增大了航线网的覆盖面,提高了公司的竞争力,有利于中、小城市的长途旅客,充分利用了航路资源和旅客资源。这种方式的缺点是加重了机场高峰时期的负荷,对大城市间的长途增加了换机次数,使得小航空公司在干线上的竞争力减弱,政府的调控也变得困难。

(四)航线网分布

目前,世界上最繁忙的航空线主要包括:(1)西欧—北美的北大西洋航空线。(2)西欧—

中东—远东航空线。(3)远东—北美的北太平洋航线等国际航线。

五、管道

管道主要是指长距离输送管道,由干管,沿线阀室,通过河流、铁路、公路、峡谷等的穿(跨)越结构物和管道防腐用的阴极保护设施等组成。

(一)管道运输的分类

管道按其铺设方式,可分为埋地管道、架空管道与水下管道。按输送介质,可分为原油管道、成品油管道、天然气管道、油气混输管道、固体物料浆体管道等。按其在油气生产中的作用,油气管道又可分为矿场集输管道,原油、成品油和天然气的长距离输送干线管道,天然气或成品油的分配管道等。

(二)长距离输油管道的主要设备

1. 输油泵与原动机

泵是一种将机械能(或其他能)转化为液体能的液力机械,它也是国内外输油管线广泛采用的原动力设备。

2. 加热系统

加热系统是加热输送管道的关键设备,也是主要的耗能设备。对输油管道加热炉的要求是热效率高,流动阻力小,能适应管道输量变化,可长期安全运行。

3. 储油罐

储油罐按材质可分为金属储油罐和非金属储油罐两类。按形状常用的金属储油罐可分为立式圆筒形、卧式圆筒形和球形三类。立式圆筒形储油罐按罐顶结构可分为固定顶储油罐和活动顶储油罐两类,活动顶罐又可分为外浮顶和内浮顶两种。1 万立方米以上的油罐都选择浮顶罐。目前,我国浮顶罐的最大容量为 10×10^4 立方米。

4. 管道的监控与数据采集系统

现代输油管道通过计算机监控与数据采集(SCADA)系统实现全线的集中控制。SCADA 系统主要由控制中心计算机系统、远程终端控制系统(RTU)、数据传输及网络系统及应用软件组成。

(三)长距离输气管道

长距离输气管道一般由干线输气管段,首站,压气站(也叫压缩机站),中间气体接收站,中间气体分输站,末站,清管站,干线截断阀室,线路上各种障碍物(水域、铁路、地质障碍等)的穿跨越段等部分组成。此外,还包括通信与仪表自动化两个辅助系统。

第二节　交通运输港站及其分布

运输港站是指处于运输线路上的结点,是货物的集散地,是各种运输工具的衔接点,是办理运输业务和运输工具作业的场所,也是对运输工具进行保养和维修的基础,主要包括铁路车站、汽车站(场)、航空港和管道站等。

良好的场站应具备地点适中,设备优良、齐全,交通便利,自然气候条件良好,场地宽大等条件。

一、铁路车站

铁路车站,俗称火车站,是铁路部门办理客、货运输和列车技术作业的场所。车站是铁路运输的基本生产单位,它集中了与运输有关的各项技术设备,并参与整个运输过程的各个作业环节。

(一)铁路车站的基础知识

1. 区间与分界点

车站把铁路线路划分成若干个长度不尽相同的段落,每一段线路称为一个区间,而车站就成为相邻区间之间的分界点,因此,区间和分界点是组成铁路线路的两个基本环节。

车站上除了铁路正线外,还配有其他线路,因此,通常把各种车站称为有配线的分界点。

2. 线间距

线间距是指两相邻线路中心线之间的距离。它应能保证行车和车站工作人员工作时间的安全。线间距的大小是根据铁路界线、是否通过装载超限货物列车以及股道间是否装设信号机等因素来确定的。

3. 站界

为了保证行车安全和分清工作责任,车站和它两端所衔接的区间应有明确的界线,通常称为站界。在单线铁路上,站界的范围以两端进站信号机柱的中心线为界,外方是区间,内方是车站。在双线铁路上,站界按上下行正线分别确定:一端以进站信号机柱中心线为界,另一端以站界标的中心线为界。

4. 股道与道岔的编号

(1)股道编号方法

站内正线规定用罗马数字编号(Ⅰ、Ⅱ…),站线用阿拉伯数字编号(1、2、3…)。

①在单线铁路上,应当从站舍一侧开始顺序编号;位于站舍左、右或后方的线路,在站舍前的线路编完后,再由正线方向起,向远离正线顺序编号。

②在复线铁路上,下行正线一侧用单数,上行正线一侧用双数,从正线向外顺序编号。大站上股道较多,应分别按车场各自编号。

(2)道岔编号方法

①用阿拉伯数字从车站两端由外向里依次编号,上行列车到达一端用双数,下行列车到达一端用单数。

②站内道岔,通常以车站站台中心线作为划分单数号与双数号的分界线。

③每一道岔均应编为单独的号码,对于渡线、交分道岔等处的联动道岔,应编为连续的单数或双数。

④当车站有几个车场时,每一车场的道岔必须单独编号,此时道岔号码应使用三位数字,百位数字表示车场号码,个位和十位数字表示道岔号码。应当避免在同一车站内有相同的道

岔号码。

(二)车站种类及其功能

车站按技术作业性质可分为中间站、区段站、编组站;按业务性质可分为客运站、货运站、客货运站;按等级可分为特等站、一等站、二等站、三等站、四等站、五等站。区段站和编组站统称为技术站。

在车站内除了有与区间直接连通的正线外,还有供接发列车用得到发线、供解体和编组列车用的调车线和牵出线、供货物装卸作业的货物线、为保证安全而设置的安全线、避难线以及供其他各种作业使用的线路,如:机车走行线、存车线、检修线等。

1. 中间站

中间站是为提高铁路区段通过能力,保证列车安全和为沿线城乡及工农业生产服务而设的车站。其主要任务是列车的到发、会让和越行,以及客货运业务。中间站设备规模虽然较小,但它是铁路上数量最多的车站,一般位于中小城镇和农村。

2. 区段站

区段站多设于中等城市和铁路网上牵引区段分界处,主要任务是为相邻的铁路区段供应机车或机车乘务组的换班,并为无调中转列车办理规定的技术作业,办理货车中转作业,编组区段列车和摘挂列车。区段站一般具有“小而全”的特点,即其作业数量及设备规模与各种专业车站相比小,而其作业性质与设备种类齐全。

3. 编组站

编组站是铁路网上办理大量货物列车解体和编组作业,并设有比较完善调车设备的车站。

区段站以办理无改编中转货物列车为主,仅解编少量的区段、摘挂列车,而编组站的主要任务是解编各类货物列车,而且多数是直达列车和直通列车。

(三)铁路枢纽

铁路枢纽是在铁路网点或铁路网端,由各种铁路线路、专业车站以及其他为运输服务的设备组成的技术设备总称。

铁路枢纽的主要设备包括:

(1)若干专业车站(包括客运站、货运站、编组站、工业站和港湾站等)或一个兼办各类作业的联合车站。

(2)车站间的联络线(包括引入线、联络线、环线和工业企业专用线)。

(3)疏解设备(包括铁路线路间的平交和立交疏解、铁路线路与城市道路的道口和立交桥以及线路所等)。

(4)在铁路枢纽范围内引入车站的进出站线(正线)。

(5)其他设备(包括机务段、车辆段、客车整备所等)。

二、港口

港口是一个国家或地区的门户,是水路运输的节点,又是货物的集散地。港口是指位于江、河、湖、海、水库和人工运河沿岸,具有一定的水、陆域条件和设施,供船舶安全停靠、上下旅客、装卸货物和供应燃物料，设有港务管理机构或其他专业部门的驻在机场，年货物吞吐量或旅客吞吐量在一定数量以上的地方。根据我国交通部港口普查的规定，港口应具有1万吨以上的货物吞吐量或1万人次以上的旅客吞吐量。

按不同目的需求，港口可以有多种分类。比如，按用途可分为商港、工业港、军港、渔港、避风港等；按所在的地理位置可分为河口港、海岸港、礁湖港、水库港、湖港和内河港等；按业务性质可分为定期船港、不定期船港和专业港等；按贸易性质可分为国际贸易港和国内贸易港，或者开放港口和非开放港口；按水域在寒天是否冻结，分为冻港和不冻港；按进口外国货物是否办理报关手续，分为报关港和自由港；按港务经营管理方式分为国有港、地方港、私有港等。同一港口可以兼具多种职能和属于多个范畴，如上海港是商港、河口港、不冻港、报关港和亿吨级大港等。

港口水域设施包括航标、锚地、港内航道、港池；陆上设施包括与之配套的铁路、道路、货物仓库与堆场、港口机械、给排水与供电系统等。

三、公路场站

汽车站（场）不仅是汽车运输企业组织生产的技术基地，而且也是物资流通、中转、配载的瓶颈和节点。在一个区域内，场站设施的多少，直接关系到运输生产效率的高低和运输生产能力的大小。

汽车站（场）包括综合性的场站（指各类货运站、客运站等）和服务性场站（指各种停车场、汽车维修厂、运行材料供应站等）。

1. 公路集装箱货运站

公路集装箱货运站，也称集装箱公路中转站，是专门从事公路集装箱运输的基地，通常由建筑设施和场地设施组成。建筑设施包括站房、中转大厅、仓库、拆装箱库、维修车间、油库、地磅房、配电站、供水站、污水处理站、洗车台、职工生活用房等。场站设施包括停车场、集装箱堆场、装卸作业场、铁路专用线及站内道路等。

2. 公路零担货运站

公路零担货运站是专门从事公路零担货物运输业务的基础，是货物运输重要的基础设施之一。它通常由零担货运站房、发送与中转仓库、货棚、装卸作业场、停车场以及有关的生产辅助设施组成，以实现对零担货运物的收集、整理、仓储、编组、装运、中转、分发、交付，确保零担货物运输各个环节间的衔接与贯通。根据汽车零担货运站的年工作量（年货物吞吐量），可将其分为一级（60 000 吨以上）、二级（20 000 ~60 000 吨）和三级（20 000 吨以下）。

3. 公路货运站系统与公路主枢纽

公路货运站系统是指在某一区域内，大小不一的所有货运站及站内设备、连接这些货运站的运输线路、以这些货运站为节点的运输线路上的运输车辆、在货运站和线路上营运的人和在该区域来往传输的货单文件等共同构成的系统。该系统进行销售、取货上门、长途运输、送货上门、装卸分类、货单传输、账务结算、人员调配管理、设备使用管理等各项活动。在发达国家，除了个体运输商外，大部分运输企业都经营自己的货运站系统或依靠别人的系统进行自己的运输活动。

公路主枢纽是指具有运输组织管理、中转换装（乘）、装卸储运、多式联运、通信信息和生产生活辅助服务六项基本功能的公路运输新型的站场服务系统。

四、航空港

航空港是指经营客货运输的民用机场及其系列配套服务设施的总称，是飞机安全起降的基地和旅客、货物空中运输的集散地。

（一）航空港分类

航空港可以按重要程度分类分为重要空港、一般空港、通用空港和备用空港。跑道的性能及相应的设施决定了飞机可以使用这个机场，机场按这种功能的分类，称为飞行区等级。

（二）航空港的组成

航空港一般由飞行区、客货运输服务区、机场维修与保障供应区三个部分组成。

1. 飞行区

飞行区是航空港的主要区域，占地面积最大，分空中部分和地面部分。

2. 客货运输服务区

客货运输服务区是旅客、货物、邮件运输服务设施所在区域。

3. 机务维修与保障供应区

机务维修与保障供应区是维修厂、维修机库、维修机坪等设施的所在区域，区内还有为保证航空港正常工作所必需的各项设施。

（三）航空导航设施

航空运输中导航的设备系统由地面设备和机载设备组成。目视飞行导航设备是指用于引导飞机降落、滑行的装置，包括助航灯光、标志和标志物。仪表飞行导航设备用于航路、进近、机场的管制飞行，包括非精密进近设备和精密进近设备。

第四章 交通运输通过能力及其计算

第一节 交通运输通过能力概述

一、通过能力、输送能力和运输能力的基本概念及区别与联系

(一)通过能力、输送能力与运输能力的概念

1. 通过能力

通过能力,通常是指在单位时间内在采用一定类型的活动设备和运输组织方法的条件下,运用固定设备在运输系统中所能通过的最大的移动设备数量(列车列数、汽车辆数、船舶艘数、飞机架数等)。

(1)通过能力的称谓。铁路与水路运输中习惯称为通过能力,比如,铁路通过能力、水路通过能力;在公路运输中习惯称为通行能力或容量,比如,公路通行能力、公路容量;在空运中习惯称为交通容量或容量,比如,空中交通容量、机场容量等。

(2)单位时间的选取。在计算通过能力时,各种运输方式选取的单位时间略有不同:铁路通常为24小时,水路通常为1年,公路和航空通常为1小时。

(3)通过能力的单位。铁路通过能力通常用列车对数或列车数量表示,也可用车辆数或货物吨数来表示,而客运专线还可用旅客人数来表示;水路航道通过能力通常用通过的货吨或船吨数表示,港口通过能力通常用港口装卸的货物自然吨数表示;公路通过能力通常用通过的车辆数表示;航空通过能力通常用通过的飞机架次数表示。

2. 输送能力

输送能力通常是指在单位时间内根据现有的移动设备和人员配备情况,运用固定设备和运输组织方法能够向社会提供运输产品的数量,通常用万人(万吨)每年来表示。

3. 运输能力

运输能力,也称综合运输能力,是运输生产重要的技术经济指标之一。它通常可以用量化的通过能力和输送能力来表示。

(二)运输能力、通过能力、输送能力的区别与联系

运输能力、通过能力与输送能力这三个术语,相互之间既有区别,又有联系。

(1)输送能力一般等于或小于通过能力,输送能力的极限值也就是该运输线路(场站)的通过能力的数值。通过能力着重从现有固定设备方面指明该运输线路(场站)可能通过的运

输工具数量，并没有考虑现在移动设备（载运工具）数量和职工配备情况的因素，而通过能力的实现却受这些因素的制约。输送能力着重从现有活动设备和职工配备情况方面指明该运输线路（场站）能够通过的旅客人数或货物吨数，它需要以通过能力为依托并受其限制。

（2）当输送能力与通过能力一致时，运输能力也就等于通过能力或输送能力；当两者不一致时，运输能力就等于两者中较小的那个，即输送能力。而通过能力最小（最薄弱）的区段或场站则成为全线的限制因素，其最终通过能力即为全线通过能力，也即全线运输能力。

二、通过能力的意义

通过能力综合反映货运生产能力，它是在外部环境条件一定时运输企业各项生产要素和经营管理诸条件综合作用的结果。因此，通过能力既是企业最重要的营运性能指标，也是企业现代化程度和水平的标志。通过能力及其利用程度，不仅决定运输量的大小，而且也影响着货物运输时间的长短和运输费用的高低。

（1）从运输规划与设计的角度看，它既是确定线路、场站设施建设规模的重要依据，也是企业进行运输工具、装卸设备和人员配备的基础。

（2）从交通管理的角度看，它是判断交通是否拥挤或延误、提出改进措施的主要依据之一。

（3）从企业营运的角度看，它既是确定企业经营目标和编制生产计划的依据，也是对运输生产进行全面分析，寻找生产系统薄弱环节的重要途径。

三、影响通过能力的因素

影响通过能力的因素多且复杂，而且不同运输方式、不同类型的通过能力，其影响因素也有所不同。既有来自系统本身的，也有来自系统之外的；既有属于技术因素的，也有属于生产组织和经营管理方面的；有些因素对通过能力起直接影响，有的则起间接影响；有的因素可以定量，有的则难以定量。但概括起来，影响通过能力的因素主要包括运输设备的技术性能、经济因素、自然因素以及运行组织方式四个方面。

四、提高通过能力的基本途径

通过前面分析可以看出，提高通过能力需要从软、硬件两个方面入手，即提高通过能力的措施可以归纳为技术组织措施和改建措施两大类。

（一）技术组织措施

凡是用改进运输组织方法，或只需用少量投资，就能使通过能力达到需要水平的加强措施，均属于技术组织措施。

（1）运输设备之间是相互关联的，因此，在选择加强通过能力措施时，必须注意运输设备协调问题。运输设备的协调既包括区域运输系统内各种运输方式之间的协调，也包括每种运输方式运输设备、生产环节之间的协调。

(2)在实践中,有时会采取各种办法对某些交通设施的使用加以限制,即对其通过能力予以限制,其目的在于避免交通拥挤或延误,以保证交通运输的安全和整体效益。

(二)改建措施

凡是需要大量投资,通过改建或新建技术装备来加强通过能力的措施均属改建措施。改建措施既可以增加通过能力也可以减少交通拥挤或延误,但需要巨大的资金投入。因此,我们必须重视改进现有交通管理体制,完善交通法律法规,提高运输企业的组织管理水平和相关人员的业务素质。

五、通过能力的分类与表现形态

按运输方式划分,通过能力可分为铁路通过能力、水路通过能力、航空通过能力、管道通过能力、公路通行能力以及城市道路交通通过能力。按运输过程及作业环节划分,通过能力可分为交通线路固定设备能力、交通活动设备能力、交通港站能力。按交通设施对交通流的影响,交通流可分为连续流和间断流。

六、通过能力计算的基本程序

尽管不同运输方式的通过能力均有自己的计算程序与方法,但归纳起来,大都按以下步骤进行计算。

(1)选择合理的计算公式、统一计算方法。

(2)收集原始资料。

(3)确定参数的数值。

(4)计算各主要环节的通过能力。

(5)对各环节通过能力进行综合平衡,确定综合通过能力。

第二节 铁路通过能力及其计算

一、铁路通过能力的种类

基于不同的角度,铁路通过能力可以有不同的分类。

1. 按用途、适用范围的分类

依据用途、适用范围的不同,铁路通过能力基本可分为理论通过能力、实际通过能力和设计通过能力三种。

2. 按运输环节的分类

运输生产活动包括场站作业(装卸、仓储、水平搬移、集疏运等)和线路位移两大环节,由此形成了线路通过能力与场站通过能力两大类,其中每个环节的通过能力还可以做进一步的细分。

3. **按运输设备不同分类**

根据运输设备的不同,铁路通过能力分为区间通过能力、车站通过能力、机务段整备设备通过能力、给水设备通过能力、供电设备通过能力等。

二、铁路通过能力的计算方法

目前,铁路对每一单项技术设备通过能力的计算方法通常采用图解法和分析计算法两种。图解法较精确,但因图解作业量较大,费时费力,一般只用于通过能力利用程度接近饱和或个别特殊情况下的图解验算。分析计算法又分为直接计算法和利用率计算法。

利用率计算法是根据所规定的工作任务、各项技术作业时间标准和技术设备条件等,先求出一昼夜内该种产品的总消耗量 $A_{总}$,或全部作业占用该项设备的总时间 T,然后,按下式计算通过能力利用率 K:

$$K = \frac{T - \sum t_{固}}{(1\,440M - \sum t_{固})(1 - \alpha)}$$

式中:T——总工作时间;

α——空费系数;

M——作业设备数量;

$t_{固}$——占用设备时间。

最后,按下式计算该项设备的通过能力 N:

$$N = \frac{\sum n_i}{K} + n_{固} = N_1 + N_2 + \cdots + N_K + n_{固}$$

三、铁路区间通过能力定义及计算方法

铁路区间通过能力是指每一区间在一昼夜内所能通过的列车数量(列数或对数)。区间通过能力的大小,在一定的行车组织条件下,主要取决于正线数目、区间长度、线路纵断面、信联闭设备、牵引机车类型和列车运行速度等因素。

计算区间通过能力时,应先计算平行运行图通过能力,再计算非平行运行图通过能力。平行运行图通过能力,一般应按货物列车对数或列数计算;非平行运行图通过能力,系在规定旅客列车数量的基础上,以扣除系数的方法计算出旅客列车和货物列车的对数或列数。

四、车站通过能力与改编能力的计算

(一)车站通过能力的计算

车站通过能力是指在一定设备和行车组织方法条件下,车站(指技术站)一昼夜能够通过的最大有改编和无改编列车数或车辆数。它包括咽喉道岔通过能力和到发线通过能力,因此,我们首先应分别计算这两种通过能力,然后取其中取较小者作为车站通过能力。

1. 咽喉道岔通过能力

咽喉道岔是车站(到达场、出发场、到发场)接、发列车咽喉区中作业最繁忙、通过能力最薄弱的道岔。

咽喉道岔通过能力是指车站各接、发列车端,一昼夜能够接、发的最大列车数或车数。

咽喉通过能力的计算:首先对咽喉区中的各组道岔,通过计算占用道岔的次数和时间,找出占用时间最长的道岔定为咽喉道岔,然后采用利用率法计算其通过能力。

[实例]假设某咽喉道岔一昼夜占用设备总时间及接发各类列车数如下:

T=961 分钟, $\sum t_{固}=190$ 分钟, $n_{货接}=28$ 列, $n_{货发}=28$ 列,$n_{摘发}=1$ 列,$n_{摘接}=1$ 列,则咽喉设备利用率 $K_{咽}$ 和通过能力 N 分别为:

$$K_{咽}=\frac{T-\sum t_{固}}{1\,440-\sum t_{固}}=\frac{961-190}{1\,440-190}\approx 0.62$$

$$N=\frac{\sum n_{接发}}{K}+\sum n_{固}=\frac{28+28}{0.62}+1+1\approx 92(列)$$

2. 到发线通过能力

到发线通过能力是指到发场中办理列车到发作业的线路,一昼夜能够接、发该方向的货物列车数和运行图规定的旅客列车数。

计算方法:首先确定各种列车及作业占用到发线的总时间 T,然后,根据具体情况,可采用利用率计算法计算。当车站有两个或两个以上的到发场时,其通过能力应按各车场分别计算,则全站接发货物列车的通过能力应为各到发场通过能力之和。

[实例] 假设某横列式车站到发场 $M=5$,各方向到发列车及有关作业占用到发线时间以及接发各类列车数如下:

$T=4\,362$ 分钟, $\sum t_{固}=567$ 分钟, $n_{接发(摘)}=2$ 列,$n_{接发(A)}=13$ 列,$n_{接发(B)}=15$ 列,$n_{接发(C)}=10$ 列,则到发线设备利用率 $K_{到发}$ 和通过能力 $N_{货接}$、$N_{货发}$ 分别为:

$$K_{到发}=\frac{T-\sum t_{固}}{1\,440M-\sum t_{固}}=\frac{4\,362-567}{1\,440\times 5-567}\approx 0.57$$

$$N_{货接}=\frac{\sum n_{货接}}{K}+\sum n_{接固}=\frac{13+15+10}{0.57}+2\approx 68.6(列)$$

$$N_{货发}=\frac{\sum n_{货发}}{K}+\sum n_{发固}=\frac{13+15+10}{0.57}+2\approx 68.6(列)$$

(二)车站改编能力

车站改编能力是指车站在合理使用车站技术设备条件下,各项调车设备一昼夜能够解体和编组的最大列车数或车辆数。它包括驼峰解体能力与牵出线改编能力。

驼峰解体能力是指在现有技术设备、作业组织方法和调车机车台数的条件下,驼峰一昼夜能够解体的货物列车数或车数。它主要与站型、驼峰作业方案(目前作为方案有单推单溜、双推单溜和双推双溜)和驼峰推送速度等因素有关。

第三节　港口通过能力及其计算

一、港口通过能力的种类

根据用途和适用范围的不同,港口通过能力分为理论通过能力、营运通过能力和设计通过能力。

(1)理论通过能力是指港口在一定时期(通常是1年)内,在港口设施为既定和劳动力为一定时,在一定的组织管理条件下,最大限度利用港口各生产要素所能装卸的一定结构的货物的自然吨数。

(2)营运通过能力,也称实际通过能力,是指港口在一定时期(通常是1年)内,在港口设施和劳动力为既定时,在一定的组织管理条件下,港口各生产要素在得到合理利用时所能装卸的一定结构的货物吨数。它与理论通过能力的区别在于生产要素的利用程度不同。

(3)设计通过能力是指在设计文件规定的技术装备和劳动组织条件下,按照合理的操作过程、平均先进的装卸工艺并根据确定的船型和货种,港口在计划期内能够装卸货物的最大自然吨数。

二、港口吞吐量与装卸工作量指标

1. 港口吞吐量

港口吞吐量是指在报告期内,经由水运时出港区范围的旅客数量和经过装卸的货物数量。以下仅探讨港口货物吞吐量。对于进出港口的货物而言,只有同时具备以下四个条件才能统计吞吐量。

(1)必须是流通领域的货物。

(2)必须是经由水路运输的货物,凡经由铁路、公路、管道等运进运出港口的货物,都不能算吞吐量。

(3)必须是运进运出港区范围的货物。如果没有运进运出港区范围,而是港区范围内的短途(包括拖轮)物资以及为运输船舶装卸货物服务和在作业区之间转库的驳运量都不能统计为吞吐量。

2. 装卸工作量指标

(1)装卸量。

装卸量是指在一定时间内,经由水运或陆运进出港区,并经过装卸的货物数量。装卸量包括船舶装卸量和车辆装卸量。

装卸量的计算原则是:不论经由水运或陆运,当货物运进港内卸下时计算一次,出港装船或装车时又计算一次,即1吨货物通过港口一次,分别按进港和出港装卸时各计算1吨装卸量。货物在进港之后,出港之前,不论在港内转栈或作业区之间搬运或驳运多少次,均不计算装卸量。

(2)装卸自然吨。

装卸自然吨是指进出港区并经过装卸的货物数量,1 吨货物从进港到出港(包括进港后不再出港,在港内消耗的物资),不论经过几次操作,均只计算为一个装卸自然吨,计算单位为吨。

(3)操作量。

操作量是指通过一个完整的操作过程,所装卸、搬运的货物数量,计量单位为操作吨。在一个既定的完整操作过程中,1 吨货物不论经过几组工人或几部机械的操作,也不论搬运距离的远近,是否有辅助作用,以及装卸工序的多少,使用何种装卸工艺,均只计算为一个操作吨。

装卸量、装卸自然吨、吞吐量、操作量之间的相互关系如表 4-1 所示。

表 4-1 装卸量、装卸自然吨、吞吐量、操作量之间的相互关系

操作过程	装卸量	装卸自然吨	吞吐量	操作量
船－船	2	1	2	1
船－驳－库－船	2	1	2	3
船－驳－库－车	2	1	1	3
船－库－库－车	2	1	1	3
船－车－库－车－船	2	1	2	4
车－库－驳－船	2	1	1	3
车－库－车	2	1	0	2
车－港某处	1	1	0	1
船－驳－港某处	1	1	1	2
船－车	2	1	1	1
车－船	2	1	1	1

第四节 航空机场通过能力及其计算

一、机场容量的种类

航空机场通过能力通常称为机场容量。根据用途和适用范围的不同,机场容量分为机场理论容量与实际容量。

(1)机场理论容量,也称名义容量、极限容量、饱和容量或容许吞吐率,是指在特定的一段时间内,当要求连续服务时,一个机场能够接纳的最大飞机架次数,即活动繁忙时期机场接受飞机的能力。

(2)机场实际容量,是在规定除飞机由于机场条件而延误的时间限制后,机场所能允许的运行架次。延误时间与运行架次呈线性关系,允许延误的时间越长,机场的实际容量越高。一般大的机场允许延误时间为 4 分钟或 5 分钟。

航空机场容量由跑道容量、机位容量和滑行道容量等组成,限于篇幅,以下仅介绍跑道容量和机位容量的计算方法。

二、跑道容量的计算

跑道容量一般是指在一段规定的时间内(通常为 1 小时),当要求连续服务时,一个跑道体系所能承担的最大飞机架次,它等于服务的所有飞机加权平均服务时间的倒数。篇幅所限,本书只介绍只有飞机到达情况下跑道容量的计算。

1. 应准备的基本资料

(1)飞机组合情况,为简化计算,但又不致过多影响其准确性,通常按飞机的进近速度把飞机划分为若干级,并确定组合各级飞机所占的百分比。

(2)确定从进入点至跑道入口的共享航道长度、最小允许间隔距离、到达进入点时间误差及其允许最小时间间隔偏差的规定概率。

2. 基本计算过程

(1)确定飞机在跑道入口最小时间间隔无误差矩阵 $\boldsymbol{M}$ 在没有误差的理想体系的情况下,为了求得跑道入口到达时间的相互间隔,必须知道在前面的那架飞机的速度 v_i 大于还是小于尾随的那架飞机的速度 v_j。

在跑道入口的间隔时间,视 $v_i > v_j$,还是 $v_i \leqslant v_j$ 而异。这里用图 4-1 和图 4-2 的距离 - 时间曲线图来说明。

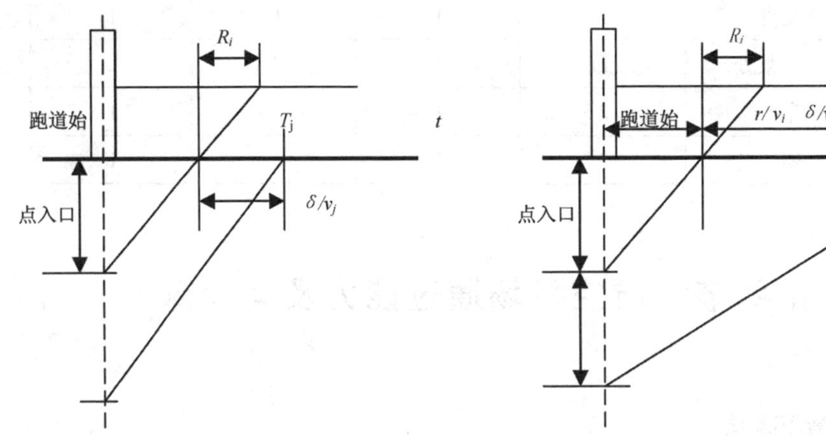

图 4-1 只有到达时,$v_i \leqslant v_j$ 情况下时间 - 距离曲线图

图 4-2 只有到达时,$v_i > v_j$ 情况下时间 - 距离曲线图

图中 r 为共享进近航道的长度;δ 为沿共享进近航道任何地方的两架到达飞机间的最小允许间隔距离,v_i 为在前的 i 级飞机的速度,v_j 为尾随的 j 级飞机的速度;R_i 为在前面的速度 v_i 的 i 级飞机占用跑道时间。

当 $v_i \leqslant v_j$ 时(图 4-1),跑道入口处的最小间隔,用距离表示为 δ,用时间表示为 $t_{ij}=\delta/v_j$;当 $v_i > v_j$ 时(图 4-2),跑道入口处的最小间隔时间 $t_{ij}=\delta/v_j+r(1/v_j-1/v_i)$,相应于沿用共享航道的最小距离间隔(是在空中进入点,而不是在跑道入口)。

因此,在无误差情况下,速度 j 的飞机尾随速度级 i 的飞机的最小允许间隔时间矩阵 $\boldsymbol{M}=$

(t_{ij})，式中 t_{ij} 计算如下：当 $v_i > v_j$ 时，$t_{ij} = \delta/v_j + r(1/v_j - 1/v_i)$；当 $v_i \leqslant v_j$ 时，$t_{ij} = \delta/v_j$。

现假定某跑道在空中的时间间隔大于占用跑道时间，共享进近航道的长度 $r=6$ n mile，最小允许间隔距离 $\delta=3$ n mile，到达的飞机组合情况如下：

飞机百分比（%）	进近速度（n mile/h）
20	120
20	135
60	150

则矩阵 $\boldsymbol{M}$ 的计算结果为：

$$\begin{array}{c} \qquad\qquad\qquad v_i \\ \qquad\qquad\quad 120 \quad 135 \quad 150 \end{array}$$

$$\boldsymbol{M} = v_j \begin{matrix} 120 \\ 135 \\ 150 \end{matrix} \begin{pmatrix} 90 & 110 & 126 \\ 80 & 80 & 96 \\ 72 & 72 & 72 \end{pmatrix}$$

矩阵中的数据项的计算举例：

126　因 $v_i > v_j$，故 $t_{ij} = \delta/v_j + r(1/v_j - 1/v_i) = 3/120 + 6(1/120 - 1/150) = 0.035$（小时）$=126$（秒）

80　因 $v_i \leqslant v_j$，故 $t_{ij} = \delta/v_j = 3/135 \approx 0.022$（小时）$=80$（秒）

（2）确定最小间隔时间缓冲值矩阵 $\boldsymbol{B}$。

在考虑存在时间间隔误差的情况时，需要在最小时间间隔上加一个缓冲时间 t'。缓冲时间 t' 的大小取决于容许的偏离概率，研究表明：当 $v_i \leqslant v_j$ 时，缓冲时间为一常数，即 $t'_{ij} = \sigma_0 q(p_v)$；当 $v_i > v_j$ 时，缓冲时间 $t'_{ij} = \sigma_0 q(p_v) + \delta(1/v_j - 1/v_i)$。式中 v_0 为允许进入的标准偏差，p_v 为最小间隔允许偏离的时间，$q(p_v)$ 为累计标准正态分布函数值为 $(1-p_v)$ 时的数值。

因此，速度 j 的飞机尾随速度级 i 的飞机的最小允许间隔缓冲时间矩阵 $\boldsymbol{B} = (t'_{ij})$，式中 t'_{ij} 计算如下：当 $v_i \leqslant v_j$ 时，$t'_{ij} = v_0 q(p_v)$；当 $v_i > v_j$ 时，$t'_{ij} = v_0 q(p_v) + \delta(1/v_j - 1/v_I)$。

现假定最小允许进入的标准偏差 $\sigma_0 = 20$ 秒，其最小间隔允许偏离的时间 $p_v = 0.05$，$q(p_v) = 1.65$，则矩阵 $\boldsymbol{B}$ 的计算结果如下：

$$\begin{array}{c} \qquad\qquad\qquad v_i \\ \qquad\qquad\quad 120 \quad 135 \quad 150 \end{array}$$

$$\boldsymbol{B} = v_j \begin{matrix} 120 \\ 135 \\ 150 \end{matrix} \begin{pmatrix} 33 & 23 & 15 \\ 33 & 33 & 25 \\ 33 & 33 & 33 \end{pmatrix}$$

矩阵中的数据项的计算举例：

33　因 $v_i < v_j$，故 $t'_{ij} = \sigma_0 q(p_v) = 20 \times 1.65 = 33$（秒）

15　因 $v_i > v_j$，故 $t'_{ij} = \sigma_0 q(p_v) - \delta(1/v_j - 1/v_i) = 33 - 3(1/120 - 1/150) \times 3\,600 = 15$（秒）

（3）根据矩阵 $\boldsymbol{M}$ 与矩阵 $\boldsymbol{B}$ 可求出组合矩阵 $\boldsymbol{L}$。

组合矩阵 $\boldsymbol{L}$ 为矩阵 $\boldsymbol{M}$ 与矩阵 $\boldsymbol{B}$ 之和，表示考虑误差的情况下的最小时间间隔矩阵。本例中的组合矩阵 $\boldsymbol{L}$ 的计算结果如下：

$$
L = M + B = v_j \begin{matrix} \\ 120 \\ 135 \\ 150 \end{matrix} \overset{v_i}{\begin{matrix} 120 & 135 & 150 \\ \end{matrix}} \begin{pmatrix} 123 & 133 & 141 \\ 113 & 113 & 121 \\ 105 & 105 & 105 \end{pmatrix}
$$

(4)计算跑道加权平均服务时间 T。

首先计算 $\sum P_i L P_j$,式中 P_i 在飞机组合中 i 级飞机的百分数,P_j 为 j 级飞机的百分数,然后,将其求和,即可计算跑道体系的平均服务时间 T。

本例的计算结果如下:

$$
\sum P_i L P_j \begin{pmatrix} 20\% \\ 20\% \\ 60\% \end{pmatrix}^T \times \begin{pmatrix} 123 & 133 & 141 \\ 113 & 113 & 121 \\ 105 & 105 & 105 \end{pmatrix} \times \begin{pmatrix} 20\% \\ 20\% \\ 60\% \end{pmatrix}
$$

$$
= \begin{pmatrix} 0.2 \times 123 \times 0.2 + 0.2 \times 113 \times 0.2 + 0.2 \times 105 \times 0.6 \\ 0.2 \times 133 \times 0.2 + 0.2 \times 113 \times 0.2 + 0.2 \times 105 \times 0.6 \\ 0.6 \times 141 \times 0.2 + 0.6 \times 121 \times 0.2 + 0.6 \times 105 \times 0.6 \end{pmatrix}
$$

$$
= \begin{pmatrix} 22.05 \\ 22.45 \\ 69.20 \end{pmatrix}
$$

跑道加权平均服务时间为:

$$
T = \sum P_i L P_j = 22.05 + 22.45 + 69.20 = 113.70(\text{秒})
$$

(5)计算跑道小时容量 N。

跑道小时容量为跑道加权平均服务时间的倒数,即:

$N = 3\,600/T = 3\,600/113.70 \approx 31.7$(架次),或说每小时 32 架次飞机。

此例中,如果将缓冲时间略去,直接计算矩阵 M 的加权平均时间,则为 84.20 秒,相应的容量为每小时 42.7 架次,亦即 43 架次。由此可见,有了标准偏差(σ_0) =20 秒进入总误差,跑道容量将降低每小时 11 架次。

三、机位容量的计算

(一)机位容量的含义及影响因素

机位容量是指在需要连续服务的一段给定的时间内,一个给定的机位数所能接纳的飞机最大数目。机位容量可以按加权平均占用机位时间的倒数计算。例如,飞机占用一个机位的时间平均为 30 分钟,则机位的容量等于 30 分钟一架飞机,或每小时两架飞机。

影响机位容量的因素主要有:

(1)机位数量和型别。

(2)机位占用时间。

(3)需要服务飞机的型别。

(二)机位容量的计算

计算机位容量一般采用两种机位分析形式。一种形式假定全部飞机都能使用一个机场的全部可用机位,而另一种形式则假定某种大小的飞机只能使用专门为这种飞机设计的机位。

1. 机位使用不受限制下的机位容量

当机位的使用没有任何限制,即所有飞机都能使用全部可用机位时,每小时的机位容量(F)可用下式计算,即:

$$F = \frac{G}{\sum_{i=1}^{n} M_i T_i}$$

式中:G——可使用的机位总数;

i——一架 i 级飞机($i=1,2,3,\cdots,n$);

n——飞机级别数;

M_i——在需要服务的飞机组合中,i 级飞机的比例($\sum M_i = 1$);

T_i——i 级飞机的占用机位时间。

[实例]假定有三级飞机,即 $i=1,2,3$,其中 1 级占 30%,2 级占 50%,3 级占 20%,并有 10 个可使用的机位。占用机位时间 T_i 为:$T_1=60$ 分钟,$T_2=45$ 分钟,$T_3=30$ 分钟,求机位不受限制下的机位容量。

飞机平均占用机位时间为:

$$\sum M_i T_i = M_1 T_1 + M_2 T_2 + M_3 T_3$$
$$= [0.3 \times 60 + 0.5 \times 45 + 0.2 \times 30]/60 = 0.775(\text{小时})$$

机位容量 $F = \frac{G}{\sum_{i=1}^{n} M_i T_i} = \frac{10}{0.775} = 12.9$(架次)

2. 机位使用受限制下的机位容量

机位受限制是指并不是所有需要服务的飞机都使用全部可使用的机位,但假定一大型飞机用的机位能为全部较小的飞机所使用。

为便于说明,假设以下符号的含义如下:

i——表示飞机从大到小顺序排列的分组等级,即 $i=1$ 为最大,$i=n$ 最小;

G_i——表示能接纳 i 级飞机的机位数量;

G——表示所有型别的机位总数,即 $G=\sum G_i$;

g_i——表示机位总数中能接纳 i 级飞机的比例,即 $g_i = G_i/G$;

t_i——表示总的机位时间中为 i 级飞机所需的比例,它等于 i 级飞机在总的组合中的比例 M_i 乘以 i 级飞机占用机位时间 T_i,除以加权平均占用机位时间,即 $t_i = M_i T_i / \sum M_i T_i$;

F——表示全部飞机都能全部可用机位的机位容量;

C——表示不是所有飞机都能使用全部可用机位的机位容量;

X——表示两种机位容量的比例,即 $X=C/F$。

对于最大级飞机来说($i=1$),如果为 1 级飞机服务所需要时间的比例小于或等于可使用的机位总数中用以接纳1级飞机的比例,即 $t_i \leqslant g_i$,则所有 1 级飞机都能被接纳。如果 $t_1 > g_1$,则不再是所有 1 级飞机都能接纳。此时,容量 C 应为: $C = F\left(\frac{g_1}{t_1}\right)$。

同样道理,由于 2 级飞机能使用机位数为 G_1 和 G_2,因此,只要第 1 级和第 2 级飞机所需的时间的比例和 $(t_1 + t_2)$ 小于或等于可使用的机位总比例数的和 $(g_1 + g_2)$,即 $(t_1 + t_2) \leqslant (g_1 + g_2)$ 时,所有 2 级飞机都能接纳。当 $(t_1 + t_2) \leqslant (g_1 + g_2)$ 时,则不再是所有 2 级飞机都能接纳。此时,容量 C 应为: $C = F\left(\frac{g_1 + g_2}{t_1 + t_2}\right)$。

依此类推,机位容量的一般式可写成:

$$C = F\left(\frac{g_1 + g_2 + \cdots + g_n}{t_1 + t_2 + \cdots + t_n}\right)$$

最严格的限制应是方程式中括号部分最小值,即 g_1/t_1、$(g_1 + g_2)/(t_1 + t_2)$、…、$(g_1 + g_2 + \cdots + g_n)/(t_1 + t_2 + \cdots + t_n)$ 中的最小值。若该最小值用 X 表示,即 $X = \min\{g_1/t_1、(g_1 + g_2)/(t_1 + t_2)、\cdots、(g_1 + g_2 + \cdots + g_n)/(t_1 + t_2 + \cdots + t_n)\}$,则机位体系容量的计算式可写成 $C = FX$。

[实例] 假设共有 10 个可使用的机位。要使用机位的有 1、2、3 三级飞机。其中,有 5 个机位能接纳所有各级飞机,有 3 个机位只能接纳 2 级和 3 级飞机,有 2 个机位只能接纳 3 级飞机。其各级飞机占用机位时间和飞机组合情况与前面的例题相同,求机位容量。

(1)计算飞机不受限制时的机位容量 F,此容量前面例题中已做计算,即 $F = 12.9$(架次)。

(2)计算 g_i,即 $g_1 = G_1/G = 5/10 = 0.5$;$g_2 = G_2/G = 3/10 = 0.3$;$g_3 = G_3/G = 2/10 = 0.2$。

(3)计算 t_i,即:

$$t_1 = M_1T_1/\sum M_iT_i = 0.3 \times 1/0.775 = 0.387$$

$$t_2 = M_2T_2/\sum M_iT_i = 0.5 \times 0.75/0.775 = 0.484$$

$$t_3 = M_3T_3/\sum M_iT_i = 0.2 \times 0.5/0.775 = 0.129$$

(4)计算 g_1/t_1、$(g_1 + g_2)/(t_1 + t_2)$、…、$(g_1 + g_2 + \cdots + g_n)/(t_1 + t_2 + \cdots + t_n)$,求出其中最小值 X。即:

$$g_1/t_1 = 0.5/0.387 = 1.292$$

$$(g_1 + g_2)/(t_1 + t_2) = (0.5 + 0.3)/(0.387 + 0.484) = 0.918$$

$$(g_1 + g_2 + g_3)/(t_1 + t_2 + t_3) = (0.5 + 0.3 + 0.2)/(0.387 + 0.484 + 0.129) = 1.000$$

由此可见,其中的最小值 X 应为 0.918,显然机位数 G_2 是受限制的。

(5)计算机位容量,即 $C = FX = 12.9 \times 0.918 = 11.84$(架次)。

第五节 道路通行能力及其计算

一、道路通行能力概述

1. 定义

在通常的道路条件、交通交件、环境和人为度量标准下,在一定时段内(一般双车道取1小时),一条车行道或道路某断面可以通过的最大车辆数,也称道路容量、交通容量或简称容量,一般以辆/小时、人/小时表示,亦有用辆/昼夜或辆/秒表示的。

2. 影响因素

影响道路通行能力的因素包括:道路状况、车辆性能、交通条件、交通管理、环境、驾驶员技术和气候等。

3. 道路通行能力的作用

(1)根据道路通行能力和设计交通量的具体分析,可以正确地确定新建道路的等级、性质、主要技术指标和线形几何要素。

(2)通过对现有道路通行能力的观测、分析和评定,并与现有交通量对比,可以确定现有道路系统或某一路段所存在的问题,针对问题提出改进方案或措施,作为旧街改造的主要依据。

(3)根据道路通行能力的分析可以作为铁路、公路、水运、空运等各种运输方式的比选与采用的依据。

(4)根据道路某一路段通行能力的估算,路况及交通状况分析,可以提出局部地段线形的改善。

(5)道路通行能力可作为交通枢纽的规划、设计及交通设施配置的依据,如交叉口类型选择和信号设施的设计等。

(6)道路通行能力可以作为城市街网规划、公路网设计和方案比选的依据。

(7)道路通行能力可以作为交通管理、行车组织及控制方式确定或方案选择的依据。

4. 道路通行能力分类

根据交通流状况分类:路段通行能力(非间断流),交叉口通行能力(间断流),匝道通行能力(分流、合流),交织路段通行能力,非机动车道通行能力。根据通行能力的性质和使用要求分类:基本通行能力(理论通行能力)、可能通行能力、实用通行能力(常作为设计通行能力的依据,故也称为设计通行能力)。

二、平面交叉口通行能力

(一)定义

两条或两条以上的道路在同一平面相交称为平面交叉,两条不同方向的车流通过平交路口时产生车流的交叉,平交路口可通过此车流的最大交通量就是平面交叉口的通行能力。

(二)影响因素

平面交叉口的通行能力不仅与交出口所占面积、形状,入口引道车行道的条数、宽度、几何线形或物理条件有关,还受到相交车流通过交叉口的运行方式、交通管理措施方面的影响。因此,在确定平交路口通行能力时,应首先确定交叉口的车辆运行和交通管理方式。

(三)分类

交叉口通行能力一般分为三类:无信号控制交叉口通行能力、信号控制交叉口通行能力以及环形交叉口通行能力。

(四)典型城市道路交叉口通行能力计算方法

根据有无信号灯控制,道路平面交叉口分为无信号控制交叉口、信号控制交叉口和环形交叉口三种。

1. 无信号控制交叉口通行能力

在无信号灯控制的交叉口上,我国未采取其他交通管理措施。按照惯例,主要道路上的车辆,优先通行,通过路口不用停车,一直通过;沿次要道路行驶的车辆,让主要道路上的车辆先行,寻找机会,穿越主要道路上车流的空档,通过路口。

无信号控制交叉口的通行能力等于主要道路上的交通量加上次要道路上车辆穿越空档能通过的车辆数。若主要道路上的车流已经饱和,则次要道路上的车辆一辆也通不过。因此,无信号交叉口的通行能力最大等于主要道路路段的通行能力。事实上,在无信号交叉口,主要道路上的交通量不大,车辆随机到达,有一定空档供次要道路的车辆穿越,相交车流无过大阻滞,否则,需加设信号灯,分配行驶权。

可插间隙理论:可穿越间隙大小与次要道路上的车流通过交叉口的状态有关系。若在进口停车等候,则所需间隙时间为 7 ~ 9 秒;若驶近路口降速待机,则所需间隙时间为 6 ~ 8 秒。此外,应当说与穿越车流的流向有关系。根据可插间隙理论,直接计算优先方向交通流中的可插间隙(车头时间间隔),即非优先方向交通可以横穿或插入的间隙数,作为非优先方向可以通过的最大交通量。这里假设主要道路上的车辆优先通过路口,主要车道上的双向车流视为一股车流,交通量不大,车辆之间的间隙分布符合负指数分布,当间隙大于临界间隙时,次要道路上车辆方可穿越。按可穿越间隙理论,推算出次要道路上的车辆每小时能穿越主要道路车流的数量为:

$$Q_{次} = \frac{Q_{主}\,\mathrm{e}^{-qt_0}}{1 - \mathrm{e}^{-qt}}$$

式中:$Q_{主}$——主要道路上的交通量,pcu/h;

$Q_{次}$——次要道路可能通过的车辆数,pcu/h;

q——$Q_{主}$/3 600,pcu/s;

t_0——临界间隙时间,对停车待机通过者 $t_0 = 7 \sim 9$ 秒,对减速待机通过者 $t_0 = 6 \sim 8$ 秒;

t——次要道路上车辆跟驰行驶的车头时距,$t = 3 \sim 5$ 秒。

例:一无信号灯控制的交叉口,主要道路的双向交通量为 1 200 pcu/h,车辆到达符合泊松分布。次要道路上车辆可穿越的临界车头时距 $t_o = 6$ 秒。车辆跟驰行驶的车头时距 $t = 3$ 秒,求次要道路上的车辆可穿越主要道路车流的数量：

$$Q_{次}=\frac{Q_{主}\ e^{-qt_0}}{1-e^{-qt}}=\frac{1\ 200\times e^{-\frac{1\ 200}{3\ 600}\times 6}}{1-e^{-\frac{1\ 200}{3\ 600}\times 3}}=257\ (\text{pcu/h})$$

2. 信号控制交叉口通行能力

中国道路交通管理条例规定，在没有实施多相位信号灯控制的交叉口，绿灯亮时，允许各行驶方向的车辆进入交叉口。红灯亮时，只允许右转车辆沿右转专用车道行进，但不得影响横向道路上直行车辆的正常行驶。黄灯亮时，已越过停车线的车辆继续行驶，通过交叉口；没越过停车线的车均需停止通过交叉口。

交叉口进口道的设计通行能力等于进口各车道设计通行能力之和。此外，也可根据本进口车辆左、右转比例计算。在一个信号周期内，对面到达的左转车超过 3 ~4 pcu 时，左转车通过交叉口将影响本面直行车。

3. 环形交叉口通行能力

环形交叉口是在几条道路相交的交叉口中央，设置圆岛或带圆弧形状的岛，使进入交叉口的所有车辆均沿同一方向绕岛行驶，其运行过程一般为先在不同方向汇合(合流)，接着在同一车道先后通过(交织)，最后分向驶出(分流)，可避免直接交叉、冲突和大角度碰撞，其实质为自行调节的渠化交通形式。其优点为车辆可以连续行驶，安全，无须管理设施，平均延误时间短，很少刹车、停车，节约用油，且噪音低、污染少。其缺点为占地大，绕行距离长，当非机动车和行人过多及有直向行驶的电车时不宜采用。

环交按其中心岛直径的大小分为三类，即常规环形交叉口、小型环型交叉口、微型环交。

(1)常规环形交叉口。

其中心岛为圆形或椭圆形，直径一般在 25 米以上，对交织段长度和交织角大小有一定要求，入口引道一般不扩大成喇叭形，现在我国各城市的主要环交均属此类。

(2)小型环型交叉口。

其中心岛的直径小于 25 米，引道入口处适当加宽建成喇叭形，使车辆便于进入交叉口，此类环交为英国所常用，其优点可以提高环交的通行能力，少占用地。

(3)微型环交。

微型环交多为三路或四路相交，其中心岛直径一般小于 4 米，不一定做成圆形，也不一定非高于路面不可，可以用白漆涂成圆圈或做成不同颜色，主要起引导与分隔作用。此外，微型环交还有双环形交叉、引道错位环交、让路原则设计环交、多岛式环交和双向行车环交等。

三、道路路段通行能力计算

美国《道路通行能力手册》(HCM)中根据通行能力的性质和使用要求，将其分为基本通行能力、可能通行能力和设计通行能力三种。

1. 基本通行能力

基本通行能力是指道路组成部分在理想的道路、交通、控制和环境条件下，该组成部分一条车道或一车行道的均匀段上或一横断面上，不论服务水平如何，1 小时所能通过标准车辆的最大辆数。基本通行能力又称为理论通行能力。

理想交通条件是指道路上单一小客车行驶，车头间隔能保持以设计车速行驶所要求的最小车头间隔,无混合车种和行人干扰。衡量的一般标准是车道宽度大于 3.50 米,侧向余宽大于 1.75 米,无纵坡,线型好,有足够视距,能满足设计车速要求,无街道化干扰。

设车流为单一标准车型的连续流,其行驶车速为(千米/小时),与之相适应的最小车头间距为(米)和最小车头时距为(秒),则基本通行能力为(如图 4-3 所示):

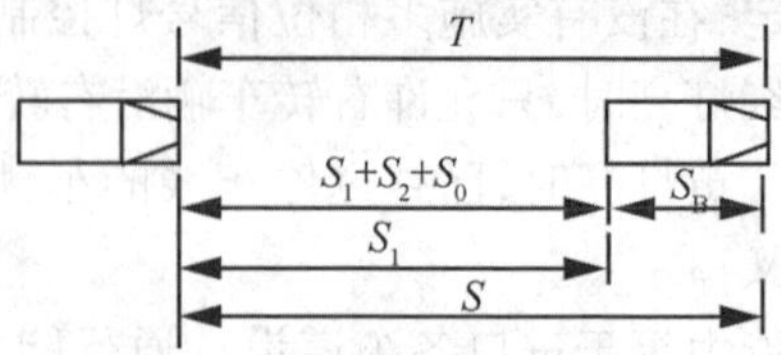

图 4-3 基本通行能力计算车流模型

$$C_B = \frac{3\ 600}{T} = \frac{1\ 000\ v}{S}(\text{辆 / 小时})$$

$$S = S_B + S_1 + S_2 + S_0 = S_B + \frac{vt}{3.6} + \frac{v^2}{254(\varphi \pm i)} + S_B$$

式中:C_B——基本通行能力;

S_B——车辆长度,中国标准载货车长度为 8 米;

S_1——反应距离,米;

S_2——制动距离,米;

S_0——安全距离,米,一般取 3 米;

t——驾驶员反应时间,一般取 1.5 ~ 2.5 秒;

i——道路纵坡,上坡取,下坡取;

φ——轮胎与路面间的纵向附着系数;轮胎与路面间的纵向附着系数与轮胎花纹、路面粗糙度、平整度、表面湿度、行车速度等因素有关。

2. 可能通行能力

可能通行能力是指一已知公路的一组成部分在实际或预测的道路、交通、控制及环境条件下,该组成部分一条车道或一车行道对上述诸条件有代表性的均匀段上或一横断面上,不论服务水平如何,1 小时所能通过的车辆(在混合交通公路上为标准汽车)的最大辆数。

由于通常道路和交通条件与理想的道路和交通条件有较大的差距,所以可能通行能力是以基本通行能力为基础,考虑到实际的道路和交通状况,确定其修正系数,再以此修正系数乘以基本通行能力,即得实际道路、交通与一定环境条件下的可能通行能力。

(1)道路条件修正系数。

道路条件影响通行能力的因素很多,不可能一一修正,只能选择影响大的主要方面予以修正,包括下述 5 种修正系数:

①车道宽度修正系数。

②侧向净宽修正系数。

③纵坡度修正系数。

④视距修正系数。

⑤沿途条件修正系数。

⑥交通条件修正系数。

则可能通行能力 C_c 计算如下：

$$C_c = \gamma_1\gamma_2\gamma_3\gamma_4\gamma_5\gamma_6 C_B$$

3. 设计通行能力

设计通行能力是指一设计中的公路的一组成部分在预测的道路、交通、控制及环境条件下，该组成部分一条车道或一车行道对上述诸条件有代表性的均匀段上或一横断面上，在所选用的设计服务水平下，1 小时所能通过的车辆（在混合交通公路上为标准汽车）的最大辆数。

设计通行能力是道路根据使用要求的不同，按不同服务水平条件下所具有的通行能力，也就是要求道路所承担的服务交通量，作为道路规划和设计的依据。只要确定道路的可能通行能力，再乘以给定服务水平的服务交通量与通行能力之比，就得到设计通行能力，即：

$$C_D = C_c \times (V/C)_i$$

式中：$(V/C)_i$——第 i 级服务水平最大服务流量与基本通行能力的比值系数。

设计通行能力则是实际可以接受的通行能力（或服务流量），它是基于考虑服务水平要求，并按照经济、安全等因素加以确定，用以作为道路规划和设计的标准。不同的公路规划等级有相应的服务系数，常用 V/C 表示。

四、道路服务水平

道路通行能力的分析计算离不开交通运行质量。因此通行能力的分析计算必须与服务水平的分析计算一起进行。

1. 定义

道路服务水平是指道路使用者从道路状况、交通条件、道路环境等方面可能得到的服务程度或服务质量。道路服务水平是在各种交通量条件下，在给定车道或行车道上发生的各种行驶状态的无数组合中，评价某一状态时的速度与旅行时间、交通中断、行动的自由、安全性、行车的舒适性和行车费用等多种因素影响的定性尺度。道路服务水平反映了道路可向使用者所能提供的综合效果。

2. 服务水平等级

选择服务水平的主要指标，需根据不同形式公路车辆运行规律的差异，采取不同的指标。通常混合交通双车道公路车辆不成队列行驶，快车与慢车的横向行驶位置各不相同，常常互相交错，因此只能用平均运行速度和车辆延误作为衡量服务质量的主要指标。

美国的 HCM 将道路服务水平分为 A、B、C、D、E、F 六个服务等级，其中 A 级代表车流运行条件最佳，而 F 级则是最差的运行条件。

根据实际观测分析并综合考虑美国的分级标准，从便于公路规划设计、使用方便、可操作性强的原则出发，以区分稳定流和不稳定流为基本条件，我国将服务水平划分为一、二、三、四共四个等级。一级服务水平相当于美国公路服务水平的 A 级到 B 级；二级服务水平相当于美国 C 级；三级服务水平相当于美国 D 级；四级服务水平大致相当于美国公路 E 级到F 级。

3. 公路设计采用的服务水平等级

（1）高速公路基本路段、匝道－主线连接处、交织区均采用二级服务水平。但在不得已的情况下，匝道－主线连接处及交织区可降低要求采用三级服务水平。

(2)不控制进入的汽车多车道公路路段在平原微丘的地区采用二级服务水平，在重丘山岭地形及在近郊采用三级服务水平。不控制进入的汽车双车道公路路段采用三级服务水平。

(3)混合交通双车道公路段采用三级服务水平。

第五章 交通运输系统规划与设计

第一节 交通运输系统规划概论

一、交通运输系统规划的目的与要求

交通运输系统规划必须坚决贯彻党和国家确定的战略方针和目标,充分体现国民经济“持续、稳定、协调发展”的方针政策,使交通运输系统发展布局服从于社会经济发展的总战略、总目标,服从于生产力分布的大格局,正确处理地区间、各种运输方式间交通网络的衔接,使交通运输系统规划寓于社会经济发展之中,寓于综合运输体系之中。同时,必须坚持实事求是,讲究科学、讲究经济效益,从国情、从本地区特点出发,既要有长远战略思想,又要从实际出发做好安排。要严格执行国家颁布的有关法规、制度,严格执行交通运输系统工程建设的技术规范、技术标准。

二、交通运输系统规划的任务

交通运输系统规划的主要任务是:通过深入的调查、必要的勘测和科学的定量分析,在剖析、评价现有交通运输系统状况及综合运输状况,揭示其内在矛盾的基础上,根据客货流分布特点、发展态势及交通量、运输量的生成变化特征,提出规划期交通运输系统发展的总目标和大布局;划分不同路线的性质、功能及技术等级,拟定主要路线的走向和主要控制点,列出分期实施的建设序列,提出确保实现规划目标的政策与措施,科学地预测发展需求,细致地确定合理布局。

三、交通运输系统规划的分类

根据交通运输系统规划涉及的范围,可将交通运输系统规划分为两大类型:区域运输系统规划与城市交通系统规划。

1. 区域运输系统规划

区域运输系统规划主要是指五大运输方式的发展规划,它包括公路网络系统规划、铁路运输系统规划、航空运输网络系统规划、水路运输系统规划、管道运输系统规划等。

2. 城市交通系统规划

城市交通系统规划一般指城市综合交通系统规划(重点是道路交通系统规划),中小城市

只要完成了城市综合交通系统规划就能满足城市发展的要求，但特大城市、大城市除了需要进行城市综合交通系统规划外，往往还要进行专项交通规划，即城市道路交通系统规划、城市公共交通系统规划、城市轨道交通系统规划、城市道路交通系统管理规划、城市智能交通系统发展规划等。

四、交通运输系统规划的主体内容

无论是区域运输系统规划还是城市交通系统规划，规划的主体内容一般包括以下几个方面：

(1)交通运输系统现状调查。

(2)交通运输系统存在问题诊断。

(3)交通运输系统交通需求量发展预测。

(4)交通运输系统规划方案设计与优化。

(5)交通运输系统规划方案综合评价。

(6)交通运输系统规划方案的分期实施计划编制。

(7)交通运输系统规划的滚动和优化。

第二节　城市道路交通规划

所谓城市交通规划，是指为城市居民的交通行为提供合适的交通设施，改善以致优化城市交通条件，创造良好的城市环境。城市道路交通规划一般分为城市道路发展战略规划、城市道路交通综合网络规划及城市道路近期治理规划三类。规划年限分别为20~50年、5~20年、3~5年。特大城市、大城市一般应完成三类规划，中小城市只需进行后两类规划。

城市道路交通规划应包括以下主要内容：

(1)城市道路交通规划工作总体设计。

(2)现状交通系统调查及分析。

(3)城市交通需求发展预测。

(4)城市道路交通网络规划方案设计。

(5)城市道路网规划方案评价。

(6)城市道路网规划方案调整与优化。

(7)城市道路网规划方案实施计划。

一、城市交通规划的过程

城市交通规划可分为三个层次，不同层次的交通规划其规划方法不完全相同，但其规划过程是基本一致的，现以城市交通综合网络规划为例说明其规划过程。一般来说，城市交通规划的过程分以下几个方面：

1. 总体设计

总体设计包括确定规划的目标、指导思想、年限、范围，成立交通规划工作的组织机构，编制规划工作大纲。

2. **交通调查**

交通调查是了解网络交通信息现状的必要手段，调查内容因规划层次及规划要求而异，一般来说，需进行以下调查：①出行 O－D 调查；②道路交通状况调查；③公交线路随车调查；④社会经济调查。

3. **交通需求预测**

交通需求预测是分析将来城市居民、车辆及货物在城市内移动及进出城市的信息，未来的交通需求信息是制订定城市交通网络规模的依据。一般来说，交通需求预测应包括：①社会经济发展指标；②城市人口及分布；③居民就业就学岗位；④居民出行发生与吸引；⑤居民出行方式；⑥居民出行分布；⑦交通工具拥有量；⑧客运车辆 O－D 分布；⑨货运车辆 O－D 分布等。

4. **方案制订**

根据交通需求预测结果，确定城市交通综合网络及其他交通设施的规模及方案，进行城市交通系统的运量与运力的平衡。包括：

(1)道路网络系统规划布局方案。

(2)公共交通线网布局方案。

(3)轻轨、地铁网布局方案(仅对大城市)。

(4)自行车交通网布局方案。

(5)公共停车场布局方案。

(6)城市对外出入口道路布局方案等。

5. **方案评价**

对城市交通系统设计方案的评价成从技术与经济两个方面进行，包括：

(1)交通网络总体性能评价。

(2)道路交通网络流量预测及交通质量评价。

(3)公共交通网客流量预测及交通质量评价。

(4)交通网络经济效益评价。

(5)交通环境评价等。

6. **信息反馈与方案调整**

根据方案评价结果对规划方案进行必要的调整。方案的调整可以从几个层次进行：

(1)局部路段、交叉口等级及规模的调整。

(2)交通网络结构调整。

(3)交通方式结构调整。

(4)土地利用调整。

一般来说，若只进行(1)(2)两项调整，只需重新进行方案评价，可以不重做交通需求预测，但若进行了(3)(4)中的任何一项调整，就需重新进行交通需求预测。

二、城市交通需求预测

交通需求预测是城市交通规划的核心内容之一，是决定城市中交通网络规模、道路断面结构和枢纽规模等的重要依据。目前，普遍采用的交通需求预测方法为四阶段法，四阶段法是一种基于交通流预测的交通规划方法,其主要思想是将交通流预测过程划分为四个相互联系且在时间上继承的阶段,即:交通生成,包括交通发生与吸引(第一阶段),交通分布(第二阶段),交通方式划分(第三阶段)和交通分配(第四阶段)。对每个阶段应用不同的模型进行分析预测,预测结果作为下一阶段的输入数据,从而最终可以预测得到路段交通量。

TransCAD 是由美国 Caliper 公司开发的基于 GIS 的交通规划软件,它集成了交通需求预测、公共交通需求预测等模块,并具有 GIS 的图形分析功能。TransCAD 在一些发达国家的交通规划管理行业中被广泛采用,并成功应用于交通规划、设计和管理等工作中,取得了较好的效益。TransCAD 目前在国内同行中逐渐得到重视,并在某些城市的交通专项规划和交通总体规划中得到应用。

TransCAD 是一个集 GIS 与交通模型功能于一体的交通规划模型,其主要功能及特点如下:

(1)功能强大的交通运输地理信息系统。

(2)专为交通运输业的应用开发而设计的地图处理与直观化工具。

(3)交通规划、需求预测与分析的应用模型。

(4)方便的数据接口功能。

(5)强大的二次开发功能。

第三节　公路网络交通规划

一、公路网络规划的目的与任务

1. 公路网络规划的目的与要求

公路网络规划是公路建设与管理科学化的重要环节,是国土规划、综合运输网规划的重要组成部分。公路网络规划属于长期发展布局规划,是制订公路建设中长期规划、编制五年建设计划、选择建设项目的主要依据,是确保公路建设合理布局,有序协调发展,防止建设决策、建设布局随意性、盲目性的重要手段。

2. 公路网络规划的任务

公路网络规划的主要任务是:通过深入的调查、必要的勘测和科学的定量分析,在剖析、评价现有公路状况及综合运输状况,揭示其内在矛盾的基础上,根据客货流分布特点、发展态势及交通量、运输量的生成变化特征,提出规划期公路发展的总目标和大布局,划分不同路线的性质、功能及技术等级,拟定主要路线的走向和主要控制点,列出分期实施的建设序列,提出确保实现规划目标的政策与措施,科学地预测发展需求,细致地确定合理布局。

二、公路网络规划的总体设计

1. 规划指导思想及原则

公路网络规划因规划层次、规划区域的不同而不同。一般来说,在进行公路网规划时,必须遵循以下原则:①公路建设服务于经济发展原则;②综合运输协调发展原则;③局部服从整体原则;④近期与远期相结合原则;⑤需要和可能相结合原则;⑥理论与实践相结合原则。

2. 公路网络规划的期限及范围

(1)公路网络规划的期限。

公路网络规划一般分近期、中期、远期三个阶段,近期以距基准年 1~5 年为宜,最长不超过 10 年;中期以距基准年 5~15 年为宜,最长不超过 20 年;远期以距基准年 15~30 年为宜,最长不超过 50 年。

(2)公路网络规划的影响范围。

公路网络规划的影响范围分直接规划区及间接影响区,直接规划区为规划路网的所在行政区划,间接影响区为与规划区相邻区域及与规划区有交通往来的区域。

三、公路网络交通调查及分析

1. 社会经济调查资料及分析

该过程主要包括:土地利用调查及分析、社会经济调查分析、自然情况调查。

2. 公路网 O-D 调查及统计分析

该过程主要包括:机动车出行 O-D 调查;交通枢纽客流 O-D 调查;交通枢纽货流 O-D 调查。

3. 交通与交通设施调查

该过程主要包括:

(1)公路网络交通调查。

(2)公路网络交通设施调查。

四、公路网络交通需求发展预测

公路网络交通需求发展预测是对规划期内的公路运输发展做出的科学估计,公路运输发展预测应以社会经济发展规划和综合交通运输发展规划为基本依据。

一般来说,公路网络交通需求发展预测分社会经济发展预测、交通需求发展预测及公路建设资金预测三大部分。其中,交通需求发展预测又分综合交通运输发展预测、公路交通发展预测、公路交通分布预测及公路交通量分配预测四部分。

五、公路网络布局方案设计与优化

公路网络规划的核心是路网方案的设计。网络方案设计包括根据规划期内公路交通需求量以及公路建设资金制订公路网络建设布局方案与实施方案,它是以有关资料的调查及现状交通系统分析评价为基础,以预测公路交通 O-D 量为依据,通过不断调整路网方案及预测未来交通需求在路网上分布状况来协调路网供给与未来交通需求之间平衡的一个复杂过程。

公路网络布局方案优化,主要是指在原有路网的基础上,以公路网的整体最优化为目标,根据可能的投资条件,决策新建和改建路段。它包括三个方面的含义:①一般所说的公路网络优化。②广义的公路网络优化,即通过建设项目排序进行公路网络建设实施方案设计的过程。

③公路网络布局规划的实际实施是一个相当长期的过程。

六、公路网络方案效益分析及综合评价

公路网络方案效益分析是指通过一系列的准则、标准和指标来衡量拟定的公路网络方案，并对各种定性、定量指标加以综合，得出量化结果，为方案比选提供科学的依据。

1. 公路网络方案效益评价的分类

根据评价的时间，公路网络方案效益评价分为事先评价和事后评价。一般所说的评价指事先评价。根据所采用的评价指标，公路网络方案评价分为单一目标评价（经济效益评价）和多目标评价（综合评价）。

2. 公路网络方案效益评价的原则

公路网络方案效益评价一般依照以下原则进行方案的经济效益对比：

（1）采用经济评估。

（2）采用直接费用和效益。

（3）采用有无方案比较方法。

（4）采用统一年限和价格。

（5）采用预测的交通需求 O－D 量进行网络分析。

3. 公路网络规划方案的综合评价

公路网络规划方案的综合评价应包括技术评价、经济评价及环境评价三个方面。

（1）公路网络规划方案的技术评价。

公路网络规划方案的技术评价是从网络的技术性能方面分析其内部结构和功能，目的是揭示路网的使用质量，回答路网建设能不能解决交通问题，为编制公路网规划方案，验证方案的合理性，并进行方案的优化和决策提供技术方面的依据。

（2）公路网络规划方案的经济评价。

公路网络规划方案的经济评价是指对整个路网进行经济效益分析，在交通流量、运行时间预测的基础上，通过比较规划方案的建设费用、营运费用及运输效益，并结合规划期的未来资金预测，对方案的经济合理性进行分析论证。

（3）公路网络规划方案的环境影响评价。

公路网络规划方案的环境评价是指从区域社会经济可持续发展的角度对公路网络规划方案进行环境影响分析，包括公路网络对国土及自然资源的开发利用、水土保持及环境保护的影响等。

七、公路网络建设实施方案设计及调整

1. 公路网络建设实施方案设计

公路网络建设实施方案设计是将已确定的公路建设布局方案中的各个建设项目按不同五年计划安排实施顺序，遵循“近期宜细、中期有准备、远期可粗、有设想”的原则，以达到在规划期内总体建设效益最大的目的。公路网络建设项目的排序旨在为公路网络建设实施方案的设计与决策提供依据，是将公路网络布局规划方案中确定的各个建设项目安排实施顺序，以使得

规划期内的总建设效益最大。

2. 公路网络规划的调整

公路网络规划方案滚动调整的重点，在于公路网络结构方案的调整、某些路段标准的变化及项目按轻重缓急修建改善顺序的变化。

第四节 水运交通系统规划

水运交通系统是一个复杂的系统，它涵盖航道、港口、船舶及相关大量复杂的硬件、软件设施。在运输方式上，可分为内河运输和海洋运输。海洋运输又可分为沿海运输和远洋运输。它的三个基本组成是：航道网、港口及船舶运输组织系统。

一、水运交通系统规划的目标与任务

水运交通系统规划的目标是建立一个适应区域社会经济发展要求，满足区域水路货运、客运的运输量的增长需要，各子系统既独立、高效运转又协调配合，实现经济、安全、高效地完成运输任务的现代化水运交通系统。

规划的任务就是：一方面，整合现有的港口、航道、船舶等设施资源的使用，发现、分析现有的问题与不足，通过各种措施，尽可能发挥现有软硬件的效能；另一方面，通过预测未来城市及区域社会经济的增长，合理预测未来水路运输系统的运输量，确立有效的水路运输发展战略，合理解决航道、港口、船舶运行等子系统的规模、等级、实施序列等问题，为未来区域社会经济发展提供高效、合理、优质的水路运输服务。

二、系统规划流程及框架设计

水运交通系统规划必须具备总体设计、现状调查与分析、水运交通运输量的发展预测、方案的规划设计、比选、综合评价、决策等一系列的基本流程，应着重研究组成水运交通系统的港口、航道网、船舶的运营组织系统，以期最优的整合现有的水运资源，发挥航线的通行能力，港口的集散、装载功能以及促进船舶运输的效率与服务水平的提高，加强水运在现代运输中的重要作用。

三、水运交通调查与分析

水运交通调查是所有的研究与分析工作的起点，调查的准确与否直接关系到规划的合理性与可信性，是一项重要的基础工作。水运交通调查一般包括水运系统设施调查、水运系统运量调查与分析、水运系统适应性评价。

四、水运系统交通需求预测

1. 航道网交通需求预测

从系统观点和交通要适应国民经济发展的基本原则出发，使各种运输方式协调发展，综合利用，各尽其能，各显所长，发挥综合运输网最大的效益。

2. 港口吞吐量预测

港口是交通运输体系的重要组成部分，港口吞吐量的发展水平预测应与整个社会经济相适应，又要与航道、船舶的发展相协调，能对腹地经济发展服务。吞吐量预测采用定性与定量相结合的方法。定量预测的方法有：时间序列法、平均增长率法、幂函数模型法；定性分析的方法有弹性系数法。

3. 船型发展预测

散货运输船型向大型化、专业化方向发展，杂货的集装箱化运输，区域间发展各类灵活机动的小型专业化运输船是目前世界范围内船型发展的总趋势。

货船：世界散货船主要承运铁矿石、煤炭、谷物三大货种。

杂货船：目前国际杂货海运向集装箱化运输方向发展。杂货船发展缓慢，基本在 2 万吨级以下，并且向多用途方向发展。

集装箱船：目前国际集装箱船一直在向大型化方向发展。

油船：今后 10 ~ 25 万吨级以上油船是国际原油运输的主力船型。成品油船以 3 ~ 4 万吨级为主，5 ~ 6 万吨级以上成品油船数量增长较快。

五、水运交通系统规划的评价

水运交通系统的评价主要包括技术评价、经济评价、社会评价和综合评价四个方面的研究内容。

水运交通系统的经济评价是指以水运系统为整体的经济效益分析，规划的根本目的和重要原则就是要以最少的投资，获得整个系统的最佳经济效益。因此，经济评价是整个系统评价中极为重要的组成部分。港口项目效益分析应有不同层次，一般分为国民经济评价和企业经济评价两个层次。

第五节　铁路交通系统规划

一、铁路网络规划的目的与任务

铁路网络规划属于长期发展布局规划，是制定铁路建设中长期规划、编制五年建设计划、选择建设项目的主要依据，是确保铁路建设合理布局，有序协调发展，防止建设决策、建设布局随意性、盲目性的重要手段。

铁路网络规划的主要任务是：通过深入的调查、必要的勘测和科学的定量分析，在剖析、评价现有铁路线路、技术站布局及其运输状况和综合运输状况，揭示其内在矛盾的基础上，根据规划区经济特点、客货流分布特点、发展态势及交通量、运输量的生成变化特征，提出规划期铁路发展的总目标和大布局；划分不同路线的性质、功能及技术等级，拟定主要路线的走向和主要控制点，列出分期实施的建设序列，提出确保实现规划目标的政策与措施，科学地预测发展需求，细致地确定合理布局。

二、铁路网络规划的总体设计

铁路网络规划编制工作是一个相当复杂的系统工程问题，在规划编制工作开始前，必须对整个规划过程进行总体设计。总体设计包括确定规划原则、规划期限、规划指标等。

1. 铁路网络规划的基本原则

在进行铁路网络规划时，除遵循类似公路网规划的“路网建设服务于经济发展原则、综合运输协调发展原则、局部服从整体原则、近期与远期相结合原则、需要和可能相结合原则、理论与实践相结合原则”六条原则外，还必须遵循以下两条原则：(1)铁路网规划要服从国家宏观效益原则。(2)铁路规划建设服务于国防安全原则。

2. 铁路网络规划的目标及主要技术指标

(1)铁路网络规划总体目标。

铁路网络规划的总体目标应根据所规划铁路网的地位、特点以及在社会经济发展中的作用而制定，不能照搬硬套。

(2)铁路网络规划主要技术指标。

铁路网络规划的主要技术指标是规划总体目标的具体体现，主要包括路网密度、网距、路网等级水平、平均运输密度、通过列车对数、行车间隔、平均车速等。

3. 铁路网络规划的基本期限

铁路网络规划一般分近期、远期两个阶段，近期以距基准年 1 ~ 5 年为宜，以交付运营后第 5 年预测运输量为依据规划设计，最长不超过 10 年；远期以距基准年 10 ~ 30 年为宜，以交付运营后第 10 年预测运输量为依据规划设计，最长不超过 50 年。

三、铁路交通系统交通调查及分析

铁路交通系统交通调查及分析一般包括：

(1)社会经济调查资料及分析。

(2)城市调查及分析。

(3)铁路交通运营调查及分析。

(4)铁路网络交通需求发展预测。

四、铁路网络布局方案设计与优化

铁路网络规划的核心及目标是路网方案的设计。铁路网络布局方案图式是以运输点为节点，节点间的铁路为边线，由节点和表示边线基本走向的线条组成的图形。世界各国铁路网的组成图式主要有三种，即蛛网式、网格式、自由式。

铁路编组站布局是路网规划中的一个重要问题，包括编组站内部车场之间的布局方案、铁路网络上不同编组站之间的布局方案。从编组站内部车场平面布局方案类型上看，有六种基本类型：单向横列式、单向纵列式、单向混合式、双向横列式、双向纵列式、双向混合式。不同布局图式的编组站有不同的解编能力从六种基本方案中选取，我国铁路主要推荐的是四种布局图式：一级三场、二级四场、三级三场和三级六场。

铁路网络方案优化包括路网布局方案和编组站布局方案优化，主要是指在原有路网的基础上，以铁路网络的整体最优化为目标，根据可能的投资条件，决策新建和改建铁路区段线路和编组站。铁路网络布局方案优化方法一般是通过构造优化方案的数学模型、求解模型而得到铁路网络优化布局和铁路网上编组站优化布局方案。

五、铁路网络方案效益分析及综合评价

铁路网络方案效益分析及综合评价是指通过一系列的准则、标准和指标来衡量拟定的铁路网络方案，并对各种定性、定量指标加以综合，得出量化结果，为方案比选提供科学的依据。

第六节　航空运输系统规划

航空运输系统规划一般包括机场规划、航线和航班规划以及航空公司机队规划三个方面的基本内容，本章将对这三方面规划一一加以简介。

一、机场规划的基本内容

机场规划首先要收集供规划用的基础信息，确定适应运输要求所需要的机场设施，机场规划过程大体上分为机场需求、机场规模、机场选址、机场布局四个阶段。

在进行机场规划建设之前，必须首先对机场未来的客运量、货运量等航空业务量做出预测，然后根据预测的结果确定机场所需各项设施、规模和等级。航空业务量预测是机场规划的基础。

机场选址是从环境、地理、经济和工程观点出发，寻找一块其尺寸足够容纳各项机场设施而且位置适当的场地。

机场布局是指机场各项主要设施的总体配置，包括跑道的数目、方向和布置，航站区同跑道的相对位置，滑行道的安排，各种机坪的位置等。

二、航线和航班规划的基本内容

航空公司的生产要素包括机队、航班时刻、航班频率、空中和地面服务等。航线及航线网络是航空运输承运者经营运输业务的地理范围，是航空公司的客货运输市场，是航空公司赖以生存的必要条件。

1. **航线规划基本原则**

首先，航线规划受到国家发展航空运输的总体规划的制约，它必须服务于国家与地区政治、经济以及军事发展战略。

其次，航线规划还受到航空企业自身的市场发展战略的驱动，服务于企业的经济利益。

此外，航线规划还必须考虑以下因素：航线布局的自然基础、对象城市或地区的经济水平以及运输能力协调等方面的因素。

2. **航线布局方法**

根据以上基本原则，进行新航线可行性研究，对拟开辟航线的必要性和可能性进行综合分析，为决策提供依据。

首先要进行需求分析。对客货运输的市场需求进行调查，掌握交通需求在空间上的发生量与吸收量，通过社会调查分析，预测航空运输方式分担客货运量的比例。根据航空运输方式的分担运量的大小，研究航线对象城市机场的规模、跑道等级、通信导航能力、机队运输能力以及地面交通能力等因素。

其次，航线设计既要满足社会发展需要，又要充分考虑它的经济效益。对新航线的设立通常采用以下方法：(1)线形规划法。线形规划法是基于运输要求来进行运输方式和航线布局的定量分析和分布优化。(2)技术经济分析法。技术经济分析法是把多种布局方案可能产生的经济效益进行比较，分析航线布局的经济性。

3. **航空公司的航班计划制定的基本原则**

民航运输飞行有定期航班和不定期航班之分，航班计划是针对定期航班而设计的。民航企业根据发展目标和市场需求，确定运输飞行航线、机型、航班班次、航班班期及航班时刻等具体内容。

航线选择是航班计划的基础。航空公司在获得了航线经营许可权之后，才可能根据航线的特点，制订具体的航班计划。满足航班飞行的航线必须具备下列要求：

(1)有能够供民用客机起飞和降落的机场和地面保障设施。

(2)满足民用客机飞行的航路条件，如导航、气象等。

(3)具有有关当局审批的飞行许可权。

航班的航线飞行主要有直达航线、间接对飞航线和环形航线(如图 5-1 所示)。

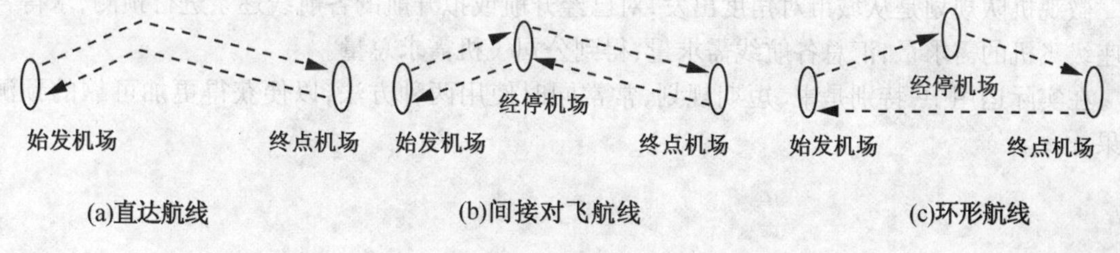

图 5-1 航班的飞行航线示意图

在航线选择的基础上，根据航线运量、经停机场、航线距离、备用机型、航线维修能力等情况，选择航班机型。

航班班次、班期和起飞时刻这三者的相互关系反映了航班的飞行频率和飞行时间。通常以 7 天为一个周期。主要依据航线的运量，决定航班班次的多少。班期和起飞时刻主要根据季节、机场条件、航班衔接、客货流向和流量等因素来确定。

4. 航线网络及其形式

航线网络是航路和机场所构成的物理结构。从图论的角度来看，航线网络本身只是一个无向图，航路仅仅是一个连接机场作用的空间通道。航空公司根据自身的经营战略、运力、市场占有份额选择运营的航线，这就构成了航空公司的航线网络。在航路上规定了飞机的飞行方向、飞行间距（前后、上下、左右）以及空域管制政策，便构成了航空交通网络。

三、航空公司机队规划

航空公司机队规划的实质是在可以预期的时间内，保证经营战略的实现，使运力满足运量的需要，但又不至于因飞机闲置而造成运力浪费，保持运力与运量的合理比例，适应生产规模的变化，减少航空公司的经营风险。

1. 航空公司机队规划的任务与方法

航空公司机队规划的任务主要有三个方面：一是，从长期发展角度预测分析航空公司的机队规模；二是，在机队规模确定的情况下进行飞机选型决策；三是，从航班生产运作的角度进行航班机型选择。

航空公司的机队规划一般划分为短期规划（1 年）、中期规划（3 ~ 5 年）和长期规划（10 ~ 15 年）。由于时间与信息的限制，它们在机队的灵活性、与航线网络结构变化的适应性以及确定机队的运营模式等方面具有各自的特点。

机队规模决策的方法是：应用载运率对指定时期的未来航空运输市场的潜在需求做出估计，当载运率达到一定水平时，就会发生客货溢出，此时航空交通需求大于航空公司的运力。载运率越高，潜在旅客需求量越大，这就意味着航空公司潜在收入的损失越多。目前，在世界航空界所使用的多种机队规划方法大体按照两种思路，即宏观机队规划和微观机队规划。

（1）宏观机队规划。

宏观机队规划是建立在宏观运量的预测基础之上，根据宏观预测结果，得到航空运输量和周转量，进而得出飞机需求量。

（2）微观机队规划。

微观机队规划是从城市对角度出发，对已经开航或拟开航的各航线逐条进行预测，求得各个座级飞机的需求量，汇总各航线需求量，得到公司飞机需求总量。

在实际运用中，特别是中、短期规划，常常同时使用两种方法，以便获得更加可靠的预测结果。

第六章 交通运输装备

第一节 装卸机械及应用范围

一、装卸机械分类

装卸机械通常有三种基本类型:固定式装卸机械、移动式装卸机械以及安装在运输工具上的装卸机械。此外,还有一些小型的装卸机械。

(一)小型装卸机械

小型装卸机械是用来装卸小型或轻质货物的工具,通常包括:各种千斤顶、工厂车间或库场里常用的一些零配件的装卸机械(如:手拉葫芦、电动葫芦等)。

(二)固定式装卸机械

固定式装卸机械是指安装于固定工作地点的装卸设备,多用于货运量大、货流稳定及装卸地点固定的场合,通常包括:固定式起重机、流动起重机、气动运输机及各种滑溜化装卸设备等。

1. 固定式起重机

固定式起重机是具有固定式起重装置的装卸设备,又称固定式吊车,通常采用的有:桥式起重机、墙座吊车、高架吊车、门式起重机及单轨吊车等。

桥式起重机一般横架于车间、仓库及露天堆场上方,用来吊运各种货物机械设备。属于轨行式起重机,它具有起重量大、速度快,作业面辐射大,效率高等优点。其缺点是需修建桥墩,建造费用较高,作业不够方便,再加上其只能在跨度范围内布置货位,货位面积较小。因而,在一些场合,它有被门式起重机取代的趋势。门式起重机属于轨行式起重机,具有场地利用率高、作业范围大、适应面广、通过性强等特点,主要用于库场、车站、码头等室外场所,担负单件和成组的长大笨重货物的装卸与搬运工作,尤其适用于长大笨重货物运量较大且货源稳定的场所。

2. 流动起重机

流动起重机包括非自行式移动式装卸机械和自行式装卸机械两种。

(1)非自行式移动式装卸机械是指仅有移动装置而无移动动力机构的装卸机械,在货运装卸工作中采用较多的是堆垛类起重机等,一般适用货运量大、货流有季节性变化、装卸货地点工作时间较长的情况。

(2)自行式装卸机械是指具有行车机构的装卸设备。这种设备的机动性能高,多用于货物有相当数量、货流经常变化与装卸工作地点分散的情况。如:

汽车起重机。它的优点包括:行驶速度高,越野性能好,作业灵活,能迅速改变作业场地,特别适合于流动性大、不固定的作业场所。缺点:作业时需放下支腿,不能带负荷行驶,且不能配套双绳抓斗使用,因而其使用受到一定限制。

轮胎起重机。它的优点包括:能在平坦的地面上吊货行驶,起重量大,稳定性好,在起重时可以不用支腿作业,灵活方便,且能配套双绳抓斗进行散货作业,因而比汽车起重机应用广泛。缺点:行走速度较低,因而适合固定在一个货场内作业。

履带起重机可在路面不好的情况下作业,稳定性好,可不打开支腿进行作业,但运行速度较低,并且在行驶时会损坏路面,此外,维修操作也较复杂,配件不易解决,因而在使用中受到限制,一般用于建筑工地。

第二节　铁路机车与车辆

一、铁路机车

铁路机车是铁路运输的基本动力。由于铁路车辆大都不具备动力装置,列车的运行和车辆在车站内有目的的移动均需机车牵引或推送。

从原动力来看,铁路机车分为蒸汽机车、内燃机车以及电力机车;按运用,铁路机车分为客运机车、货运机车和调车机车。

二、铁路车辆

铁路车辆是铁路运输系统运送货物和旅客的运载工具。铁路车辆本身没有动力装置,需要把车辆挂在一起由机车牵引,才能在铁路上运行。铁路车辆按用途分类,可分为客车和货车两大类。按制作材料分,铁路车辆有钢骨车和全钢车两类。按轴数分,铁路车辆有四轴车、六轴车和多轴车等。我国铁路以四轴车为主,它的四根轴分别组成两个转向架,能相对于车底架做自由转动。

铁路货车的分类很多,比如,按车种分为棚车、敞车、平车、罐车、保温车以及其他专用车等,其中棚车、敞车、平车属于比较通用的车种,而罐车、保温车是专用性的车种;按标记载重吨位可分为30吨、40吨、50吨、60吨、75吨、90吨等,现以制造60吨车辆为主。

1. 旅客列车

旅客列车是铁路上运送旅客及行李、包裹、邮件的列车,一般由座车、行李车、邮政车等连挂编成,运程较长的还配挂餐车和卧车。按照我国铁路对旅客列车重量标准的规定,旅客列车编组数,特直快列车为15~25辆,普通旅客列车为15辆。旅客列车分为六级,即高速、准高速、快速、特快、快车、慢车,此外还有市郊列车、混合列车和旅游列车等。

2. 货物列车

货物列车是铁路上运送货物的列车,按载重大小,可分为普通列车和重载列车,按列车内车组的数目和在途中是否进行车组换挂作业的不同,可分为单组列车和分组列车;按列车重量是否超过或不足运行图规定的牵引定数,可分为超重货物列车和欠重货物列车;按速度的快慢可分为普通列车和快运列车;在装车地直接组织的列车有始发直达列车、阶梯直达列车和整列短途列车;在技术站编组的列车有技术直达列车、直通列车、区段列车、零摘列车、摘挂列车和小运转列车。

三、高速列车

高速列车是旅客运输的载体,对它的要求是启动快,速度高,运行平稳、安全。为满足上述基本要求,必须采用相应的高新技术。这些高新技术包括外形流线型技术、高速转向架技术、高速受流技术、高速列车车体结构设计及其轻量化技术等。

高速动车组是当今世界高新技术的集成,是高速铁路的标志性装备。动车组采用流线型设计,首尾车辆都设有驾驶室,无须调挂车头即可双向驾驶。我国通过引进、消化、吸收及国产化,已形成以“和谐号”为代表的动车组 CRH 系列产品。CRH(China Railway High-speed)意为中国高速铁路。世界上一般将高速铁路定义在时速 200 千米以上,中国高速铁路的时速也定义在 200 千米以上。为满足不同需求,我国高速铁路动车组分为两个速度等级,其中 200 ~ 250 千米/小时速度等级有 CRH1、CRH2、CRH5 型,300 ~ 350 千米/小时速度等级的有 CRH2-300、CRH3、CRH380 系列等。

四、磁悬浮列车

磁悬浮列车是一种与传统机车车辆不同的新型交通工具,它的牵引力是通过轮轨接触的黏着力,即摩擦力实现的。磁悬浮列车是用电磁吸力或电动斥力来克服车辆重力和产生过曲线时的导向力,没有机械接触,其驱动力是由线性电动机产生的。

五、技术经济性能

铁路机车具有安全性和舒适性的要求,机车车辆运行平稳性是评定旅客舒适程度的主要依据,反映了车辆振动对人体感受的影响。因此评定平稳性的方法主要以人感受的疲劳程度为依据,通常以平稳性指标表示。

高速列车主要有动力分散的性能特点,表现为牵引动力大,启动加速快,轴重小,列出定员多,技术经济指标高,电动力制动的分担率高。磁悬浮列出主要有快速、低耗、环保、安全等优点,常导磁悬浮列车可达 400 ~ 500 千米/小时,超导磁悬浮列车可达 500 ~ 600 千米/小时。由于没有轮子、无摩擦等因素,它比目前最先进的高速火车少耗电 30%。在 500 千米/小时速度下,每座位/千米的能耗仅为飞机的 1/3 ~ 1/2,比汽车也少耗能 30%。

第三节 汽车

公路和城市道路用的运输工具包括机动车和非机动车两大类。机动车是指各种汽车、电车、电瓶车、摩托车、拖拉机、轮式专用机械车等。非机动车包括自行车、三轮车、人力车、畜力车、残疾人专用车等。在公路运输中,汽车占绝对主导地位。

一、汽车种类

汽车可从用途、动力装置、道路特征和行驶机构特征等不同角度进行分类,按用途可分为运输汽车和特种用途汽车两大类。运输汽车是指专门用于运输的汽车,包括轿车、客车、货车三大类;特种用途汽车是指主要执行运输以外的特殊任务的汽车,包括起重车、挖沟车、清扫车、消防车等。

1. 轿车

轿车是乘坐2~9人及其随身行李的汽车。按发动机工作容积(气缸排量),轿车可分为:微型轿车(1.0 L以下)、普通级轿车(1.0~1.6 L)、中级轿车(1.6~2.5 L)、中高级轿车(2.5~4.0 L)以及高级轿车(4.0 L以上)。

2. 客车

客车是乘坐9人以上的汽车。按乘坐舒适程度分类,客车分为普通、中级和高级三种客车。按设置座位多少可分为:

(1)小型客车。座位总数为15座及以下的客车,俗称“面包车”“小巴”。

(2)中型客车。座位总数为16~30座的客车,俗称“中巴”。

(3)大型客车。座位总数为31座及以上的客车,俗称“大巴”。

按长度分类,客车分为微型客车(3.5米以下)、轻型客车(3.5~7米)、中型客车(7~10米)、大型客车(10米以上)和特大型客车(指铰接客车和双层客车)。

3. 货车

(1)普通货车。

普通货车具有标准的栏板式货箱,可分为微型货车(1.8T以下)、轻型货车(1.8~6T)、中型货车(6~14T)和重型货车(14T以上)。

(2)特种货车。

特种货车一般是普通货车的变型,具有特殊的货箱,典型的有厢式货车和罐式货车,此外,还有无车厢的敞车、自卸车等。

(3)载货列车。

由一辆汽车(货车或牵引车)与一辆或一辆以上挂车组合而成的汽车运输单元称为载货列车。

二、汽车总体构造

汽车类型较多,但无论何种类型的汽车,其总体构造均由发动机、底盘、车身和电气设备四个部分组成。

1. 发动机

汽车发动机是汽车的动力装置,其作用是使燃料燃烧后产生动力,然后通过底盘的传动系驱动汽车行驶。汽车发动机由机身、曲柄连杆机构、配气机构、点火系、燃料系、润滑系、冷却系和启动系等组成。

2. 底盘

汽车底盘是汽车的基础,其作用是接受发动机的动力,使汽车产生运动并保证正常行驶,并支撑及安装汽车其他各部件。底盘由传动系、行驶系、转向系和制动系组成。

3. 车身

车身安装在底盘车架上,车身用于安置驾驶员、乘客和货物。汽车车身结构主要包括车身壳体、车门、车窗、车前钣金件、车身内外装饰件、车身附件、座椅以及通风、暖气、冷气、空气调节装置等,载货汽车还包括货箱和其他设备。

4. 电气设备

汽车电气设备有供给汽车使用的电源,保证汽车发动机的启动、汽车的照明、转向信号和示警喇叭及其附加电气设备的使用。

三、汽车产品型号的构成

(一)企业名称代号

企业名称代号用两个汉语拼音字母表示,一般由企业名称的前两个汉字的第一个拼音字母表示。

(二)车辆类别代号

车辆类别代号用一个阿拉伯数字表示:1-货车,2-越野汽车,3-自卸汽车,4-牵引汽车,5-专用汽车,6-客车,7-轿车,8-(暂空),9-半挂车及专用半挂车。

(三)主参数代号

主参数代号用两个阿拉伯数字表示,货车、越野汽车、自卸汽车、牵引汽车及半挂车的主参数为车辆总质量(吨)。牵引汽车的总质量包括牵引座上的最大质量。当总质量为100吨以上时,允许用三位数表示。客车的主参数用车辆长度(米)表示。当车辆长度小于10米时,应精确到小数点后一位,并以长度值的10倍数值表示。轿车的主参数为发动机的排量(L),应精确到小数点后一位,并以其值的10倍数值表示。主参数不足位数时,在参数前以“0”占位。

(四)产品序号

产品序号用一个阿拉伯数字表示,用以表明此类车的更新换代情况(第一代产品用0表示,第二代产品用1表示,依次类推)。

(五)专用汽车分类代号

专用汽车分类代号用来识别专用汽车的结构类别和用途,用三个汉语拼音字母表示。第一位字母代表专用车的类别(X-箱式汽车,G-罐式汽车,C-仓栅式汽车,T-特种结构汽车,Z-专用自卸车,J-起重举升汽车),第二、三位字母为表示其用途的两个汉字的第一个拼音字母。此为专用汽车而设,其他车无须此项。

(六)企业自定代号

企业自定代号用一个或两个汉语拼音字母表示,企业可根据实际情况自行设定。

下面举例说明汽车型号的构成:

(1)中国第一汽车集团公司生产的9 310千克第二代货车,其型号为CA1091。

(2)中国第二汽车集团公司生产的7 720千克越野汽车,其型号为EQ2080。

(3)上海重型汽车厂生产的59 538千克第一代自卸汽车,其型号为SH3600。

(4)汉阳特种汽车制造厂生产的30 000千克的第一代公路上行驶的牵引汽车,其型号为HY4300。

(5)江苏亚星汽车集团有限公司所产长度为8.2米的第一代中型客车,其型号为JS6820。

(6)天津微型汽车厂所产的排量为0.993 L的第一代轿车,其型号为TJ7100。

(7)上海汽车厂生产的排量为2.232 1 L的第二代轿车,其型号为SH7221。

(8)连云港车辆厂所产的35.5吨的骨架式集装箱半挂车,其型号为LY9360TJZG。

(9)连云港车辆厂所产的29.2吨的平板式集装箱半挂车,其型号为LY9290TJZP。

四、技术经济性能

技术经济性能包括以下几点:

(1)动力性。汽车动力性通常用最高车速、加速时间和最大爬坡度3个参数来评价。

(2)经济性。汽车经济性即燃料经济性,指单位燃料消耗量所完成的运输工作量。

(3)机动性。机动性是具有广泛内涵的一种性能,简单地说就是它的快速运动能力。

(4)安全性。汽车安全性涉及主动安全性、被动安全性和环境安全性三个方面。

(5)舒适性。舒适性最基本的要求是行驶平顺性。

第四节　船舶

一、船舶种类与特点

船舶有多种,按用途分类可分为军用舰船和民用船舶;按航行区域可分为海洋船舶和内河船舶;按航行状态可分为潜于水下航行的潜水船、依靠船体排水获得浮力而航行在水面的排水船以及主要不是靠浮力而航行水面的诸如滑行艇、水翼艇、气垫船、冲翼艇等非排水船;按动力装置可分为蒸汽动力装置船、汽轮机动力装置船、柴油机动力装置船、燃气轮机动力装置船、核动力船和电力推进船等;按推进器形式可分为明轮船、螺旋桨船、喷射式推进气船等;按船舶用途可分为运输船舶、海洋开发船舶、工程船舶、渔业船舶、为航行服务的工作船舶等。

1. 货船

货船是运送货物的船舶统称,一般不载客,若附载旅客,不超过12人,包括:杂货船、散货船、液货船、冷藏船、集装箱船、滚装船、载驳船。

2. 客船与客货船

根据《国际海上人命安全公约》的规定,凡载客超过12人者均应视为客船,客船多以定期方式经营,兼营邮件、行李及贵重物品运输。客船有远洋客船、近海客船、沿海客船和内河客船之分。客船的建造应具备以下特点:安全性、快速性、耐波性、可操纵性。

3. 驳船

驳船常指靠拖船或推船带动且为单甲板的平底船,上层建筑简单,一般无卸货设备,也有的驳船自己有动力装置称为自航驳。驳船主要用于在沿海、内河或港内驳运货物。

4. 其他船舶

除了上述船舶外,还有渡船、工程船和工作船等。渡船是指往返于内河、水库、海峡、岛屿与陆地或岛屿之间专门从事短途运输旅客、货物与车辆的船舶。渡船包括旅客渡船、汽车渡船和火车渡船。工程船是从事水上专门工程技术作业的船舶总称,包括挖泥船、起重船、浮船坞、救捞船、布设船、打桩船等。工作船是为航行服务或进行其他专业工作的船舶,包括破冰船、引航船、补给船、消防船、测量船、航标船、交通船、浮油回收船、拖船和推船、钻探船、科学考察船和深潜船等。

二、船舶设备与装置

1. 船舶设备

船舶设备主要包括舵设备、锚设备、系泊设备、起货设备、救生设备。

2. 船舶动力装置

船舶动力装置主要包括推进装置、辅助装置、船舶管系、甲板机械以及自动化设备等。

三、技术性能

1. 航行性能

(1)浮性:指船舶在各种装载情况下,保持一定浮态的性能。

(2)稳性:指船舶在外力的作用下偏离原平衡位置,当外力消除后船舶恢复到原平衡位置的能力。

(3)抗沉性:指当船舶破舱进水后保持浮性和稳性不致沉没和倾覆的能力。

(4)快速性:指主机以较小的功率消耗而得到较高航速的性能。

(5)适航性:也称耐波性,是指船舶在波浪上具有缓和的摇摆性能。

(6)操纵性:指船舶保持航向和改变航向的能力。

2. 船舶的重量性能

(1)排水量:排水量是指船舶自由浮于静水面所排开水的重量。排水量可分为空船排水量、满载排水量和某一装载状态下的排水量。

(2)载重量:载重量是船舶所允许装载的重量。载重量分为总载重量和净载重量。

3. 船舶的容积性能

(1)货舱容积:货舱容积,简称舱容,是指船舶货舱实际容纳货物的空间。

(2)船舶登记吨位:船舶吨位通常表示某一船舶内部容积或载重量大小的数值,也可以作为统计船舶保有量的综合数。

4. **装卸性能**

船舶的装卸性能主要通过货舱数、舱口数、舱口尺度、货舱的结构形状、货舱位置，以及起货设备的型式、数量、技术性能(包括起货设备的起重量、工作幅度、起升高度、起升速度、旋转速度、变幅速度，皮带输送机的输送量，油泵的输油量)等来衡量。

第五节　飞机

一、飞机分类

飞机按性质分类分为用于商业飞行的航线飞机和用于通用飞行的通用航空飞机两类；按航程的远近分类分为远程飞机、中程飞机和短程飞机；按飞行速度分类分为低速飞机、亚音速飞机、超音速飞机等；按起飞重量分类分为小型、中型、大型三种。对于客机，根据机身直径的大小，可分为窄体客机和宽体客机。按飞机在运输网中的地位与作用分，我国通常将客机分为干线客机和支线客机；按发动机分类可分活塞式飞机和喷气式飞机；根据机翼的布置分类分为上单翼飞机、中单翼飞机和下单翼飞机。

二、飞机的基本组成

民用飞机主要由机身、机翼、尾翼、起落架、动力装置和仪表设备等部分组成。

三、技术性能

1. **起降性能**

飞机的起降性能包括飞机的起飞离地速度和起飞滑跑距离、飞机着陆速度和着陆滑跑距离。

2. **爬升性能**

民用飞机的爬升性能是指飞机的最大爬升速率和升限。

3. **飞行速度与高度性能**

飞行速度的指标有两个，一个是最大平飞速度，另一个是经济巡航速度。飞行高度主要受发动机性能的影响，也受到增压舱结构承载能力的限制。

4. **续航性能**

民用飞机的续航性能主要是指航程和续航时间(航时)。

5. **业务载重性能**

业务载重性能包括最大起飞重量，最大着陆重量，最大无燃油重量，使用空机重量、业载 。

第三篇

交通运输信息技术篇

交通信息化是指提高信息技术在交通各领域的推广应用水平，从而推动交通运输发展前进的过程。交通信息化的具体体现在地理信息系统和智能运输系统上。

交通信息化的总体框架可以分为三层：底层是基础设施层，包括计算机网络和智能交通系统（ITS）基础设施以及现代通信设备；中间层是三个统一应用平台；最上层是各个专业应用系统。

下面本篇将对智能交通、智能交通信息技术以及智能交通新信息技术加以简介。

第七章　智能交通

第一节　智能交通概述

一、智能交通

1. 智能交通概念

交通系统的基本要素是人、车、路和环境。人本身是智能的，但人在感知和执行方面存在缺陷，如光线不好的情况下视距不够，在疲劳和分神时的反应能力不够等。如果能增强人在这些方面的能力，同时使车、路和环境也都智能化，那么交通系统的所有要素就都是智能的了。ITS 的所有要素都应该是智能的，ITS 与传统概念的交通系统之间的差别就在于能增强人的感知能力和执行能力及使交通工具、环境的智能化。

2. 智能交通内涵

ITS 的内涵是逐步扩大的，这里可以从 ITS 的一些特点和属性探讨 ITS 的内涵。

（1）先进性；

（2）综合性；

（3）信息化；

（4）智能化。

3. 智慧交通的概念

智慧交通系统（Smart Transportation System，简称 STS）是智慧城市的核心部分，是整合能源、环境、土地资源，实现可持续发展的重要手段之一。智慧交通是现代信息技术与交通运输领域深度渗透融合的产物，把传感器嵌入和装备到公路、桥梁、隧道、航道、港口、车站、载运工具等各种交通运输基础设施和要素中，互相连接，形成物联网，再与通信网、互联网连接，实现人类社会与物理系统的整合与交互。从技术的内涵上看，智慧交通是感知交通、数字交通、掌上交通的组合体，同时智慧交通又是科学交通、人性交通、创新交通。

4. 智慧交通的特征

（1）健康环保；

（2）高效便捷；

(3)安全可靠。

5. 智能交通与智慧交通辨析

(1)智能交通与智慧交通联系。

智能交通与智慧交通的联系在于智能交通与智慧交通都使用新一代信息技术,通过对数据的收集、传输、分析、挖掘、预测、发布来满足出行者的需求,两者在技术、内容层面大部分都是相同的。

(2)智能交通与智慧交通区别。

智能交通与智慧交通的区别主要有几点:

①数据采集有差别,智慧交通的数据除了有智能交通采集那部分以外,还包括环境、经济、政策、文化等,所以智慧交通的数据量要远大于智能交通的数据量。

②智能交通着重在数据采集和传输上,而智慧交通更多地关注信息的分析,来挖掘其中的价值,为我们提供决策。

③智能交通从某种意义上来说,就是利用计算机和网络取代传统的手工流程操作,而智慧交通的实质是用智慧技术解决一部分需要人工判别和决断的任务。

智能交通是智慧交通的基础,智慧交通是智能交通的高级阶段的交通模式,更体现一种全新的绿色、高效、节能、环保的理念,它将交通与经济、社会、资源、文化有机地融合起来,实现全面协同、合作发展的智慧城市愿景。

二、智能物流

(一)智能物流的概念

智能物流是指利用集成智能化技术,使物流系统能模仿人的智能,具有思维、感知、学习推理判断和自行解决物流经营中的某些问题的能力。这里强调系统的集成智能化,包含两方面的内容:

(1)对物流管理、规划技术的软智能,即集成智能优化技术。

(2)物流设备的硬智能,也就是物流设备本身所具有的智能。

智能化是物流自动化、信息化的一种高层次应用,物流作业过程中大量的运筹和决策,如库存水平的确定、运输路径的选择、自动导向车的运行轨迹和作业控制、自动分拣机的运行以及物流配送中心经营管理的决策支持等问题都需要借助大量的知识才能解决。物流信息和知识的获取、表示、存储、组织、推理、传递及使用共享、信息融合,是使物流技术上升到物流科学的关键。目前,传统的人工智能技术,人工神经网络、专家系统、模糊建模和推理等技术已广泛应用于专业知识的获取、学习、存储、推理、建模中,并形成了智能物流的一些初步基础。这些都为物流科学的建立和完善提供了有利的条件,同时引导了物流系统软件的发展趋势。

(二)智能物流系统

智能物流系统(Intelligent Logistics System,ILS)是最近提出的一个概念,智能物流系统是在智能交通系统(Intelligent Transportation System,ITS)和相关信息技术的基础上,以电子商务(Electronic Commerce,EC)方式运作的现代物流服务体系,它通过 ITS 和相关信息技术解决物流作业的实时信息采集,并在一个集成的环境下对采集的信息进行分析和处理。它是通过在各个物流环节中的信息传输,为物流服务提供商和客户提供详尽的信息和咨询服务的系统。

第二节　智能交通系统三大体系

近年来,随着经济的发展和社会进步,世界各国大中城市交通流量迅速增长,城市的交通拥挤和交通阻塞现象日趋严重,使得人们出行受到一定程度的限制。以美国为例,每年因公路拥挤延误造成的损失就在1000亿美元左右。如果不尽快解决现存的问题,整个社会经济的发展必将受到严重的阻碍。为了对城市进行有效的管理,包括中国在内的世界上许多国家都纷纷采取现代科技手段,如交通面控系统、智能运输系统等。其中智能运输系统是20世纪80年代交通领域内新兴科技,尤其近几年的发展却十分迅猛,目前主要有欧洲、美国和日本三大智能交通系统。

一、美国智能交通系统

美国把ITS共分为7个服务领域,包括29项用户服务功能,具体为:

(1)出行及运输系统管理;

(2)出行需求管理系统;

(3)公共交通运输管理系统;

(4)电子收费系统;

(5)商用车辆运营;

(6)应急管理系统;

(7)先进的车辆控制和安全系统。

二、欧洲智能交通系统

欧洲也是在进入20世纪80年代才开始认识到交通拥挤给人们的出行带来不便。于是,1986年欧洲19个国家的政府和企业界开始了一项名为“尤里卡”(EUREKA)的联合研究开发计划,旨在建立横跨欧洲的智能化道路网。该计划中包括多个项目,如:“欧洲最高效最安全交通计划”(PROMEHEUS)、“自动道路和驾驶系统”、“交通信息预测系统”等。

三、日本智能交通系统

日本的ITS开发也是从80年代后期开始的,由运输省等政府部门组织上百家企业和大学以及研究机构进行大规模联合开发,它的主要研究项目有“先进的动态交通信息系统”“超智能汽车系统”以及“路车通信系统”等。

第三节 交通流诱导系统的现状

交通流诱导系统(TFGS)作为智能运输系统(ITS)的核心内容,也是解决现存交通问题最行之有效的方法,即采用先进的通信技术,实时地为出行者提供必要的交通信息并指导出行者沿最佳的路线行驶,从而减少车辆在道路上的行驶时间,缓解交通阻塞,快速、有效地帮助出行者到达目的地。根据诱导信息作用的范围,TFGS可以分为车内诱导系统和车外诱导系统两大类。根据诱导信息的决定方式,TFGS分为中心式诱导(CDRGS,Centrally Dynamic Route Guidance Systems)和分布式诱导(DDRGS,Distributed Dynamic Route Guidance Systems)两种。

一、发达国家交通流诱导系统现状

目前,研究开发比较成功的有美国的TravTek系统、德国的Ali-Scout系统和日本的导航系统等,现分别加以介绍。

1. TravTek 系统

TravTek系统由三大部分组成:第一,TravTek信息和服务中心(TISC),由美国汽车委员会负责建立和管理;第二,交通管理中心(TMC),由政府部门负责建立和管理;第三,装备有计算机和通信设施的车辆(称为TravTek车辆),包括车内所有硬件和软件以及所需通信设备,这些均由通用汽车公司提供。

2. Ali-Scout 系统

Ali-Scout系统是欧洲最有代表性的交通路径诱导系统,它是由西门子公司和Bosch/Blaupunkt公司联合开发的。Ali-Scout系统在车上装有一个终端,其核心是导航设备。在导航设备开始工作之前,首先要由驾驶员输入目的地。输入设备是一个类似于按键电话的小键盘。输入的地址编号保存在目标存储器中。磁场传感器的作用是确定车辆行驶的方向,车轮转数计则用来测量行驶的距离。方向和距离数据都被送到定位设备,以确定车辆的位置。

3. 日本的导航系统

随着GPS技术、地图匹配技术和通信技术的发展,1991年该公司又设计出了定位精度更高而且可以基于VICS给出最佳行驶路径的导航系统。

道路交通信息通信系统(VICS,Vehicle Information & Communication System)是日本导航系统的核心。由道路上的交通流检测器和车辆上的发射天线将动态交通信息传输给信息中心,信息中心经过规范化处理后利用FM多重放送等手段将多种诱导信息再次发送给车辆,结合车载GPS接收机的定位功能,从而实现引导车辆更好地完成出行的目的。

二、我国交通流诱导系统现状

我国对交通流诱导系统的研究起步较晚,目前定位系统、电子地图、双向通信等问题处于研究阶段,投入使用的基本上都是以无线电广播为基础的初级诱导手段,基于GPS、集群通信、可变标牌的诱导系统正处于研究和试验阶段。下面对我国交通流诱导系统的研究情况做一简单介绍。

(一)多段接力式动态标志路线引导系统

多段接力式动态标志路线引导系统属于车外诱导型系统,是由上海交警总队和同济大学于1995年6月合作完成的,通过可变标牌和交通广播电台实现交通流的诱导。多段接力式动态标志路线引导系统由五个部分组成:

(1)交通信息采集系统;

(2)交通信息评价处理单元;

(3)数据传输系统;

(4)中央计算机处理系统;

(5)可变标牌、交通信息广播台及其控制单元。

该系统的不足之处是无法对在同一路段上行驶而终点不同的车辆进行不同的引导。

(二)GPS和集群通信组成的动态指挥调度系统

哈尔滨工业大学运用GPS和集群通信系统设计的实验性指挥调度系统,适合于公安、消防、电力和特殊交通集团做分组调度使用。由通信中心、手持机用户和车载机用户组成常规的集群通信系统。在这种系统中,某些用户具有组呼等调度功能,可指挥其所在单位的其他用户。当此用户群增加GPS定位功能后,就构成了一个定位用户群。通信中心与调度中心在同一个单位,可用有线将其二者连接起来,并附加一个调度终端,执行定位显示和目标跟踪等功能。

(三)广播调频副载波车辆导航系统

这是一个由清华大学、北京人民广播电台和中科院遥感所共同研制的车辆定位导航系统。它利用调频广播副载波传送差分GPS(DGPS)信号(简称FM/DGPS系统),供车载GPS接收机修正自身位置。

此外,沈阳、长春、哈尔滨、广州、大连、上海、北京等许多城市都开通了调频交通信息广播电台,及时发布部分重要路段的交通状态和交通事故通报,供出行者决策参考。

第四节　中心式车辆动态路径诱导系统

中心决定式动态路径诱导系统(CDRGS,Centrally Dynamic Route Guidance Systems),是基于红外信标等双向数据通信,通过中心控制主机基于实时交通信息进行路径规划,为每一个可能的O-D对计算最优或准最优路线,然后通过通信网络提供给用户。中心式车辆动态路径诱导系统的特点:

(1)CDRGS从系统角度出发计算最短路,可以更简单地避免Braess矛盾效应,提高系统效率,使路网能被更充分利用(注:如果被诱导的车辆都接收到相同的交通信息,它们会被派遣到相同的、以前不拥挤的道路。这条道路可能很快变得拥挤,交通甚至更糟。这种现象称为Braess矛盾效应)。

(2)CDRGS有简单的车载单元,而且能被控制中心有效控制。

(3)CDRGS由稳定且功能强大的主机进行基于系统最优及某种最短路准则的路径规划,

所以有时不满足个别用户的需要，而且在系统所属车辆较多时会带来繁重的通信负担。

(4)CDRGS 使得车内装置花费最小。

(5)CDRGS 在初建时由于基础设施投资较大，而带来巨大的经济负担，但是此问题会随着经济的发展逐步得到解决。

第五节 中心式车辆动态路径诱导系统的构成

中心式车辆动态路径诱导系统主要包括控制中心诱导信息服务子系统、无线通信子系统以及车载移动子系统。现在我们将对各个子系统加以详细介绍。

一、控制中心诱导信息服务子系统

控制中心诱导信息服务子系统主要包括：控制中心、信息服务系统、地理信息系统、大屏幕跟踪显示系统以及紧急事件处理系统，如图 7-1 所示。

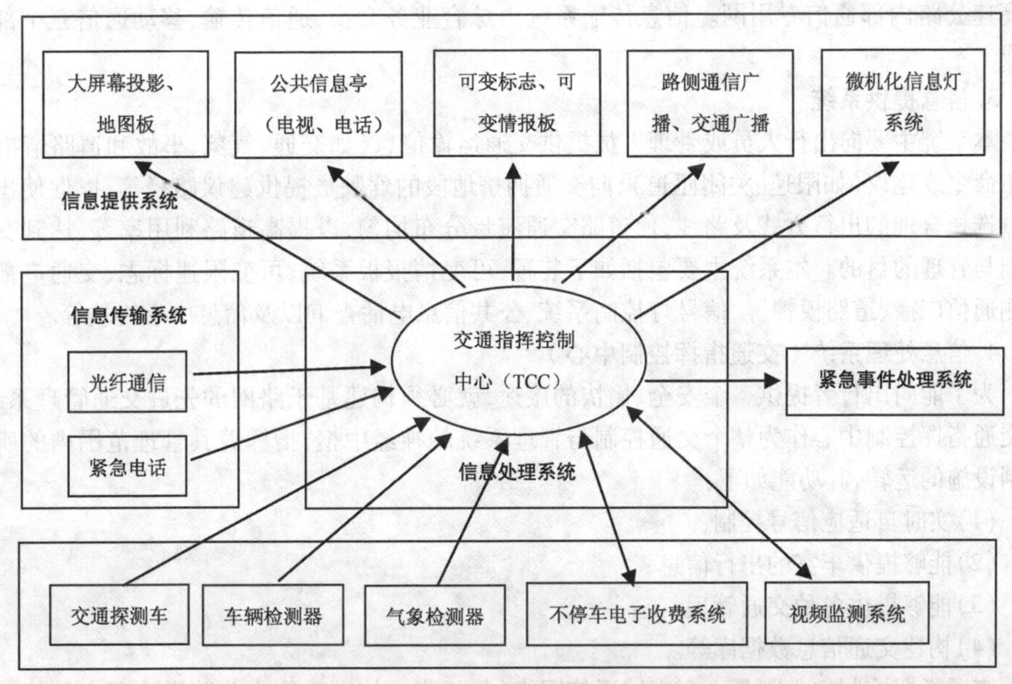

图 7-1 控制中心诱导信息服务子系统结构框图

(一)信息服务系统

信息服务系统的核心是交通监控中心，包括信息采集子系统、信息传运输子系统、信息处理子系统和信息利用子系统四个部分。与传统的交通控制系统相比，它更重视交通控制的实时性和网络效应。

如果把整个控制中心诱导信息服务子系统按信息流程划分，则图 7-1 可简化为图 7-2 所示的四大部分。

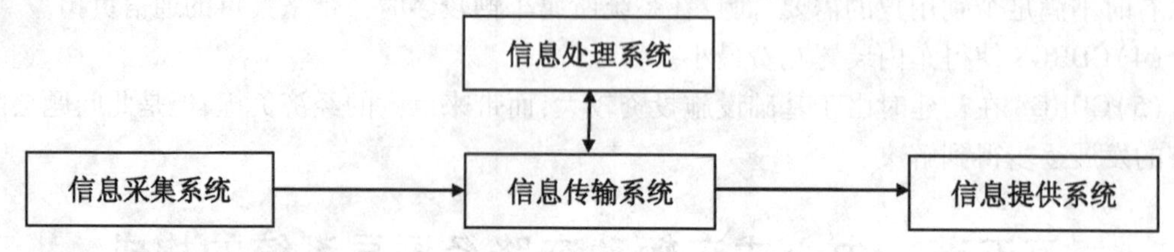

图 7-2　控制中心诱导服务信息流程图

1. 信息采集系统

信息采集系统是将整个城市路网中相关的交通信息采集并提供给控制中心,以便控制中心实时地做出诱导决策并及时提供给用户。该系统主要包括:出行前信息服务子系统、驾驶员信息服务子系统、个性化信息服务子系统、诱导服务子系统。

2. 信息传输系统

信息传输系统是控制中心与信息采集、提供系统终端之间进行联系的主要渠道。为了确保系统内部数据、语音、图像信息准确、及时地传输,以满足运营管理的通信需求,通常需要建立高速公路内部通信专用网。信息传输系统由综合业务交换、通信传输、移动通信三个部分组成。

3. 信息提供系统

本系统主要向出行人员或管理人员提供交通运输信息(如交通、气象、事故和道路情报),发布命令或建议(如限速、关闭匝道),向交通拥挤地段的驾驶员提供建议路径等,以促使出行人员选择合理的出行方式及路线,使道路交通流量分布均匀,以提高道路利用率等,达到交通控制与管理的目的。本系统主要包括如下装置:可变情报板系统、可变限速标志、交通广播及路侧通信广播、道路模拟屏、信号灯控制系统、公共信息电话查询以及信息中心终端等。

4. 信息处理系统(交通指挥控制中心)

为了能向出行者提供一个安全、愉快的旅途,就必须构建基于路网的先进交通管理系统,而交通指挥控制中心作为整个交通控制与管理系统的神经中枢,指挥着其管理范围内的所有控制设施的运转,其功能如下:

(1)实时自适应信号控制;

(2)能够提供丰富的出行信息;

(3)能够提供各种交通管理;

(4)构建交通信息数据库等。

交通指挥控制中心既是一个广域通信网络(包括中心控制系统内公路沿线所有的传感器以及信息、信号标志)的轴心,又是先进的交通管理系统的指挥中心。

(二)大屏幕跟踪显示系统

该系统的主要功能是通过控制中心的电子地图显示屏实时地监控车辆的运行情况,并根据路网的实际状况实时地调整车辆的诱导路线。

(三)紧急事件处理系统

该系统是通过用户或一个安全传感器检测到的紧急事件来激活系统,并通过紧急呼救系统与控制中心之间的通信信道保持用户与控制中心操作员之间的联系。这样车辆的位置信息自动地发送给控制中心的主机,控制中心操作员就会根据实际情况计算出车辆应急诱导方案并实时地反馈给用户。

紧急事件处理系统包括以下服务功能:

(1)提供定位的应急服务;

(2)提供定位的路边援助;

(3)路径诱导;

(4)远程闭锁车门;

(5)防盗,盗失报警和盗失车辆跟踪;

(6)里胎破裂报警;

(7)旅行信息(交通、天气、加油站、餐饮、旅馆等);

(8)免提和声控移动电话或传呼机。

二、无线通信子系统

可靠的通信是进一步改善车辆定位和导航系统性能并增加其功能的重要组成部分。它不仅可为车辆和驾驶员及时提供信息和保障安全,同时也使交通管理系统得以获取相应数据。利用通信技术,驾驶员可以获得许多优质的服务。例如:驾驶员和车载装置可以收到最新的交通信息和导航信息以引导其行驶;而交通控制中心,可利用来自车辆的当前交通反馈信息制订管理决策和行程时间预测,甚至可以在路网中对车辆进行定位和诱导。

三、车载移动子系统

车载移动子系统是动态路径诱导系统的关键部分,用户(驾驶员)只有通过车载装置,才能接收控制中心传送来的诱导指令,并将其显示在车载计算机的显示屏上,以求达到对车辆诱导的目的;而控制中心也需要用户(驾驶员)通过车载装置传送来的出行请求,计算出诱导路径并反馈给用户。

第六节　分布式动态诱导系统结构框架

分布式动态诱导系统依靠车载模块以通信网络接收到的实时交通信息完成路径优化与引导。许多分布式动态诱导系统的现场试验测试正在进行。在欧洲,用于交通效率和安全蜂窝式通信系统(SOCRATES)计划打算用 GSM 蜂窝网络作为通信媒体以验证动态导行的原理,修改基本的一对一的蜂窝联结方式以允许蜂窝单元向同时处于该单元小区内的所有 SOCRATES 车辆发布广播。SOCRAFES 计划之一 TANGO,利用 Mobitex 数据包网络在中心主机和移动单元间通信。在日本,车辆信息系统(VICS)计划采用红外信标、微波信标或 FM 广播负载波作为移动单元和中心主机间的通信频道,这一系统已经演化为可运行的系统,而且车载单元已经向驾驶员出售。比较成功的实验系统还有美国的 ADVANCE 系统,所有这些实验已经引起了人们对用于更安全、更高效和先进的交通流诱导系统的车辆引导单元系统的注意和广泛的兴趣。

第八章　智能交通信息技术

第一节　定位技术

一、定位技术概述

车辆定位技术是智能交通系统的关键技术之一。作为智能交通系统的主要功能之一,车载诱导要实现自动跟踪车辆的当前位置,并为出行者提供从当前位置到目的地的最优路径,只有通过实时准确的当前位置跟踪显示,才能实现真正意义上的诱导。因此,准确定位是实现智能交通系统各种功能的前提条件。从目前发展情况来看可用于移动车辆定位的主要方法有:

(1)GPS 单独定位。

(2)GLONASS 单独定位。

(3)GPS/GLONASS 组合定位。

(4)GPS/DRS 组合定位。

(5)GPS/INS 组合定位。

(6)GNSS 定位。

(7)GSM 定位。

(8)北斗星卫星导航系统,还有一些辅助的定位方法。

(9)地图匹配(Map Matching)技术,这是一项确定车辆在带有街道名称和地址的地图上的定位技术。车辆轨迹与图形特征相关。

(10)信号杆 SP(Signal Pole),这包括安装在街道上(通常是交通信号站)的红外线、微波、RF 仪器,这些信号站和信号标杆就是所要求的定位数据。

(11)无线电确定的卫星服务 RDSS(Radio Deciding Star System)。

二、GPS 定位系统

(一)GPS 定位系统原理

GPS 定位采用空间被动式测量原理,即在测站上安置 GPS 用户接收系统,以各种可能的方式接收 GPS 卫星系统发送的各类信号,由计算机求解站星关系和测站的三维坐标。

欲确定平面上一点 O 的位置,需要两个参考点 O_1 和 O_2 并测定 R_1 和 R_2 的距离(三个点不能在一条直线上)。同理,确定三维空间中一点的位置,需要三个参考点并测定待测点与这三个参考点的距离(四个点不能在一个平面上)。因此,理想情况下,通过测定地球上某一点与三颗卫星的距离,即可确定该点的空间位置。

(二)GPS 误差分析

按误差的来源,GPS 测量误差分为:
(1)电离层延迟误差;
(2)对流层的延迟影响;
(3)SA 的影响;
(4)地球自转的影响;
(5)接收机相关误差。

三、遥感技术

遥感(Remote Sensing,简称 RS)技术是通过卫星传感器接收地物反射的电磁波而获取区域地形地物数据的技术,是一项重要的地球表面静、动态数据的获取手段,随着遥感技术的提高,现在已经能够接收 1 米分辨率的卫星影像。

第二节　地理信息系统技术

一、地理信息系统技术概述

地理信息系统 GIS (Geographical Information System)技术是一个计算机化的地理信息和数字分析处理系统。它研究各种空间实体及相互关系,通过对多因素的综合分析,迅速地获取满足应用需要的信息,并能以地图、图形或数据的形式表示处理的结果。

交通运输地理信息系统是城市地理信息系统的重要组成部分,通过先进的信息技术处理分析城市交通运输资源的分布状况。交通运输地理信息系统不仅可以为出行前做决策支持,还可以为社会经济部门做统计分析、商业部门做投资分析提供帮助。拥有一套先进的交通运输地理信息系统,可以提高交通运输业的现代化水平,更好地满足社会经济发展对交通运输的需求。

一般说来,地理信息系统按其内容、数据结构、用途、职能、范围可以分为不同的种类。表 8-1列出了分类结果。

以诱导和监控为目的的电子地图系统是建立在计算机和地理信息数据基础上的一种新型地图。它通过计算机进行信息管理和图形操作,在计算机屏幕上以地理表面物体为背景,显示目标实时位置(轨迹),为用户提供诱导和决策服务。地图显示和目标定位是该系统的关键。

表 8-1　地理信息系统的分类结果

分类标准	分类结果
内容	专题信息系统、区域信息系统、地理信息系统工具软件或开发平台
数据结构	矢量型地理信息系统、栅格型地理信息系统
用途	自然资源清查信息系统、城市信息系统、空间分析型的地理信息系统、人才和智力资源信息系统
职能	地形信息系统、专题信息系统、土地资源信息系统、地籍信息系统、人口统计信息系统
范围	全球性地理信息系统、区域性地理信息系统、局部性地理信息系统

二、交通地理信息数据

交通地理信息数据是地理信息系统的操作对象与管理内容。它是指以地球表面空间位置为参照，描述自然、社会和人文经济景观的数据，交通地理信息系统中的数据包括两大类型：

1. 空间数据

空间数据用来确定图形和制图特征的位置，这是以地球表面空间位置为参照的。具体说来，它反映了以下两方面信息：一是，在某个已知坐标系中的位置，也称几何坐标；二是，实体间的空间相关性即拓扑关系（Topology），表示点、线、网、面等实体之间的空间联系，空间拓扑关系对于地理空间数据的编码、录入、格式转换、存储管理、查询检索和模型分析都有重要意义。

2. 非空间的属性数据

非空间的属性数据即通常所说的非几何属性，它是与地理实体相联系的地理变量或地理意义，一般是经过抽象的概念，通过分类、命名、量算、统计等方法得到。非几何属性分为定性和定量两种，前者包括名称、类型、特性等；后者则包括数量和等级等。任何地理实体至少包含一个属性，而地理信息系统的分析和检索主要是通过对属性的操作运算来实现的。

交通地理信息数据的输入过程实际上是图形数字化处理过程。对于不同来源的空间数据，很难找到一种统一而简单的输入方法，只能从几种普遍适合的方法中选用。

（1）手工键盘输入；

（2）手扶跟踪数字化输入；

（3）自动扫描输入；

（4）解析测图仪法空间数据输入；

（5）已有数字形式空间数据的输入。

三、诱导电子地图技术

基于 GPS 和 GIS 的诱导电子地图具有的主要特点是：地图数据采用图像栅格，显示速度快；对象化地理实体，操作方便、直观；数据库结构简单，拓扑关系明确，存储冗余小；智能化路网重建。

四、地图匹配技术

地图匹配是动态路径诱导系统的一个重要模块,其作用是利用数字地图使定位系统更加可靠和精确。

为了给驾驶员提供适当地操作指令,或在地图上正确地显示车辆,必须精确地知道车辆的位置。而由 GPS 和 DR 技术所测到的车辆坐标位置数据,前进的方向与实际行驶的路线轨迹在电子地图上都存在一定误差。为了修正误差,须采用地图匹配技术,对车辆行驶的路线与电子地图上的道路之间的误差进行实时数字相关匹配,并自动修正,从而在电子地图上得到汽车正确位置的指示。需要指出的是,地图匹配结果的好坏在很大程度上取决于数字地图精度的高低。

五、行车路线信息显示技术

路径诱导信息最终要通过可视化的方式展示给出行者,这就是行车路线优化信息显示技术研究的内容。信息显示主要包括数字地图数据库系统和路线引导(图形显示)。行车路线信息显示技术在诱导系统中的作用如图 8-1 所示。

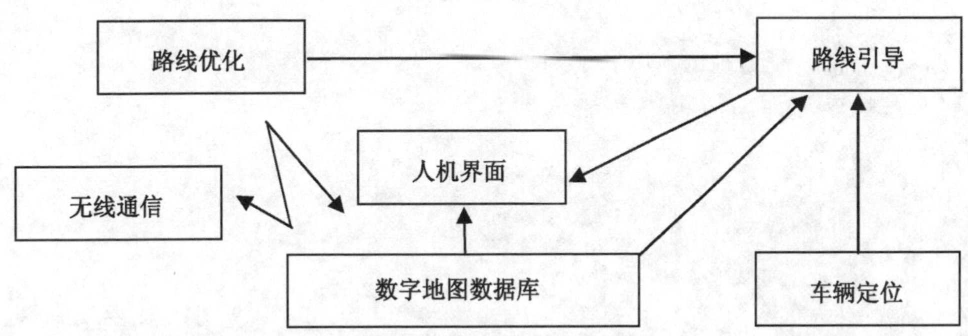

图 8-1　动态路径诱导系统基本模块关系图

行车路线信息显示技术首先要建立电子地图数据库,用于描述路网的各种空间数据和属性数据;其次要具有路线引导能力,把最优路线转化成出行者能够识别的音频和视频信息,并适时地给驾驶员发出引导指令以及其他有用的出行信息。

第三节　EDI 技术

一、EDI 概述

EDI 起源于 20 世纪 60 年代初,是计算机技术、网络通信技术和标准化技术高度结合的综合应用技术。EDI(Electronic Data Interchange),译文是电子数据交换,其实际应用意义指:以计算机、现代通信和 EDI 国际标准为基础,采用 EDI 某种标准的电子文件,在没有人工干预的条件下进行相关事务的计算机自动处理，以代替通常由人工、纸张单证文件交换的人工事务处理。

二、EDI的特点

EDI有以下特点：

(1)EDI是企业(制造厂、供应商、运输公司、银行等)单位之间传输商业文件数据。

(2)EDI是两个或多个计算机应用进程间的通信。

(3)传输的文件数据遵循一定的语法规则与国际标准，具有固定格式。

(4)一般通过增值网和专用网等这一类的数据通信网络来传输。

(5)数据自动投递和传输处理，不需人工介入，由应用程序对它自动响应，实现事务处理与贸易自动化。

第九章　智能交通新信息技术

新一代信息技术的使用是智慧交通的核心，主要包括物联网、移动互联网、大数据以及云计算，它以一种更加智慧的方法来改变城市的运行方式，从而改善人们的出行体验。智慧交通的主要特征就是智慧，就像人一样可以判断，物联网、移动互联网、大数据、云计算将构成一幅虚拟大脑结构图，图9-1揭示了物联网、移动互联网、大数据、云计算和传统互联网之间的关系。

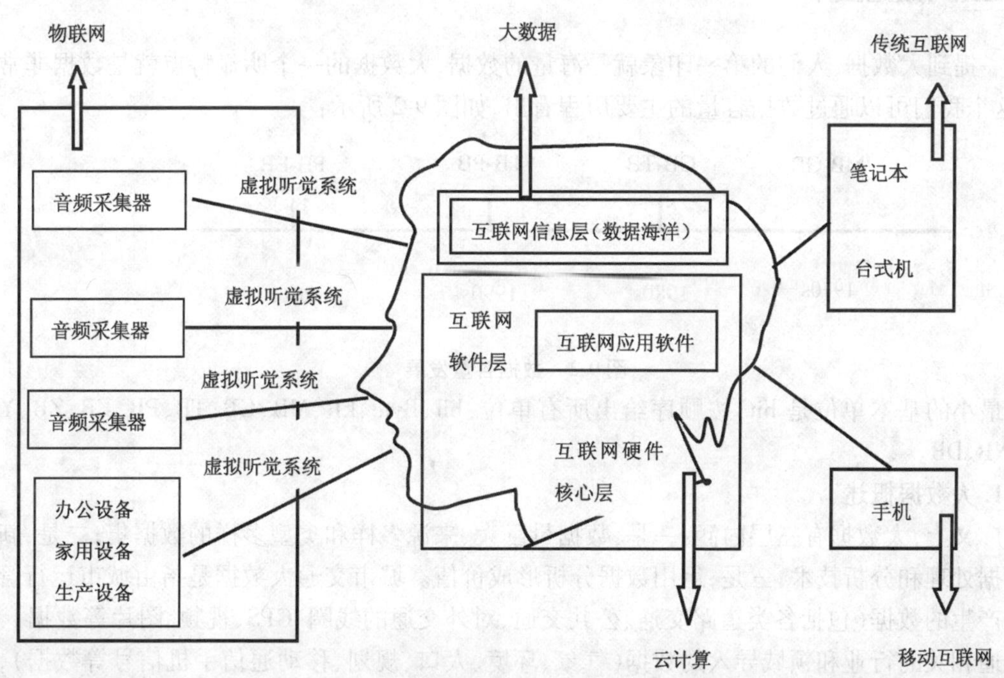

图9-1　新一代信息技术之间的关系

如图9-1所示，物联网对应着互联网的五官，就像感觉和运动神经，同时物联网、传统互联网以及移动互联网表达传输信息的作用，收集数据并且反馈相应的信息；大数据表示互联网的数据层，将收集的数据存储起来，是互联网智慧和意识产生的基础；云计算对应着互联网的中枢神经，对传递来的数据进行分析和预测。

一、物联网技术

1. 物联网的概述

物联网就是通过射频识别（RFID）、红外感应器、全球定位系统、激光扫描器、气体感应器等信息传感设备,按约定的协议,把任何一个物品与互联网连接起来,进行信息交换和通信,以实现智能化识别、定位、跟踪、监控和管理的一种网络。简而言之,物联网就是“物物相连的互联网”。基于物联网的智慧交通实现技术可以分为感知层、传输层和应用层三个层次。

2. 物联网的关键技术

在物联网应用中有五项关键技术:

(1)传感器技术;

(2)射频识别;

(3)嵌入式系统技术;

(4)EPC 技术;

(5)M2M 技术。

二、大数据技术

一提到大数据,人们的第一印象就是海量的数据,大数据的一个明显特点就是数据非常庞大,这个我们可以通过数据容量的主要历程看出,如图 9-2 所示:

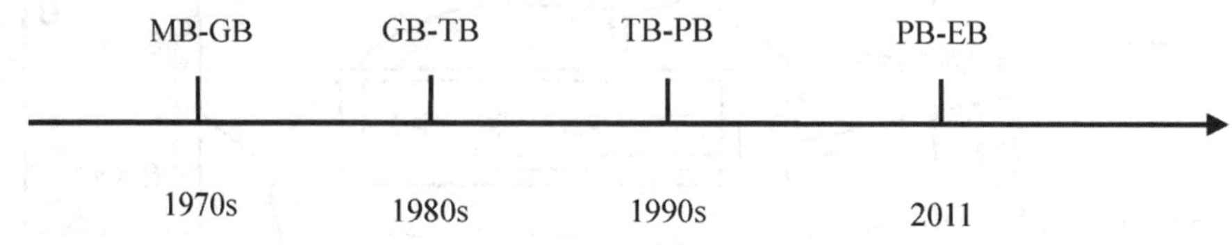

图 9-2 数据容量发展

最小的基本单位是 bit,按顺序给出所有单位:bit、Byte、kB、MB、GB、TB、PB、EB、ZB、YB、BB、NB、DB。

1. 大数据概述

广义上,大数据有三层内涵:一是,数据量巨大、来源多样和类型多样的数据集;二是,新型的数据处理和分析技术;三是,运用数据分析形成价值。城市交通大数据是指由城市运行管理直接产生的数据(包括各类道路交通、公共交通、对外交通的线圈、GPS、视频、图片等数据),城市交通相关的行业和领域导入的数据(气象、环境、人口、规划、移动通信手机信号等数据),以及来自公共互动提供的交通状况数据(通过微博、微信、论坛、广播电台等提供的文字、图片、音视频等数据)。大数据是用传统技术难以在合理时间内管理、处理和分析的数据集。

2. 大数据的特点

大数据通常是指数据规模大于 10 TB 以上的数据集。它除了具有典型的 4V 特征(Volume、Velocity、Variety、Value)即体量巨大、类型繁多、蕴含丰富的价值、处理速度快的特征外,还具有数据采集手段智能化、数据应用的可视化等特点。

三、云计算技术

1. 云计算概述

云计算通过网络把多个成本相对较低的计算实体整合成一个具有强大计算能力的系统，借助先进的商业模式将强大的计算分布到终端用户手中。云计算技术通过不断提高“云端”的处理能力，减少用户终端的处理负担，最终把终端简化成一个单纯的输入、输出设备，按需享受“云端”的强大计算处理能力。

2. 云计算的基本特征

相比较信息计算模式，云计算具有以下明显的优点：

(1)虚拟化技术；

(2)灵活制订，按需自助服务；

(3)动态可扩展性；

(4)超强的计算和存储能力；

(5)资源池化；

(6)极其廉价。

3. 云计算的关键技术

(1)虚拟化技术；

(2)数据存储技术；

(3)数据管理技术；

(4)分布式编程与计算技术；

(5)资源的管理和调度；

(6)数据编码技术。

四、互联网+

2015年3月5日，第十二届全国人民代表大会第三次会议，李克强总理在《政府工作报告》中提出要制订“互联网+”行动计划，推动移动互联网、云计算、大数据、物联网等与现代制造企业结合，促进电子商务、工业互联网和互联网金融健康发展。这表明“互联网+”的概念正逐渐渗入人们的思想和思维中。

“互联网+”就是利用现有的互联网软、硬件及信息技术平台，嫁接各行各业的生产与服务，嫁接社会管理各个方面，嫁接百姓日常生活，使生产、服务、管理、生活变得更高效、更绿色、更得体、更省心、更便利、更智慧的创新过程。由于“互联网+”概念具有丰富的内涵，其可供嫁接的“+”，足以为各行各业提供无限遐想。

“互联网+交通”将使城乡居民出行更为便捷。在智能公交、北斗定位、交通线控、在线调度、出行无缝对接、公交线路优化等细分领域，将出现一批新的突破性应用成果。在“互联网+交通”模式下，路况信息的获取和通告与每一个交通的参与者都有直接的联系，互联网无疑成为信息交换的最佳渠道，地图类应用承担起这样的职责。用户行为已经成为实时和智能服务的基石，通过对用户信息的收集，可以获得实时的位置和速度，进而能够做进一步的数据挖掘。

五、车联网

车联网(Internet of Vehicles,如图 9-3)是由车辆位置、速度和路线等信息构成的巨大交互网络。通过 GPS、RFID、传感器、摄像头图像处理等装置,车辆可以完成自身环境和状态信息的采集;通过互联网技术,所有的车辆可以将自身的各种信息传输汇聚到中央处理器;通过计算机技术,大量车辆的信息可以被分析和处理,从而计算出不同车辆的最佳路线、及时汇报路况和安排信号灯周期。车联网的发展远景如图 9-4 所示:

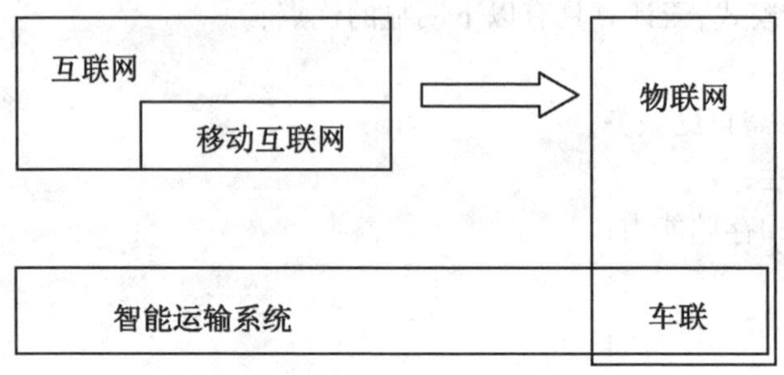

图 9-3 车联网概念由来

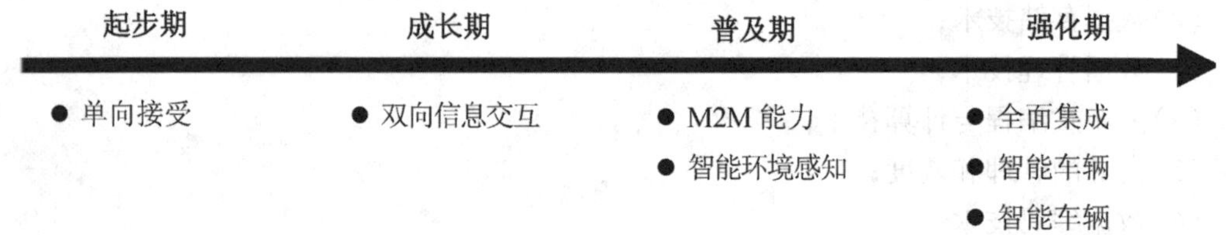

图 9-4 车联网行业的发展远景

第十章　智能交通系统的应用

第一节　铁路智能运输系统

随着信息传输、处理和决策等科学技术的发展,促使一些国家把高新技术成果应用于以列车运行管理、列车运行调度、列车运行控制为一体的先进列车控制技术中。先进列车控制系统基于客户机－服务器结构、基于分布式数据通信网和分布式数据库、基于现代人工智能技术,系统自动收集列车运行的数据,协调调度人员进行列车运行调度,控制列车运行。

一、现代化铁路信息技术发展应用

现代化信息技术在铁路现代化领域中的应用,将在以下几个方面得到体现。

1. 铁路现代化通信系统

铁路现代化通信系统是铁路指挥部门决策千里、运筹帷幄的有力工具。会议电视、可视电话给决策者提供真实的视觉信息。

2. 行车指挥自动化系统中图像处理技术的应用

为使列车高速、安全地运行,必然要引进先进的自动控制技术。届时计算机将不断地收集各区间的信息、列车的信息,经处理后再送到闭塞区间和列车,这一过程必然要用到现代化的通信技术。指挥中枢的人机交互设备在快速、准确、形象化、可视化方面将大量引入图像处理及计算机视觉技术,这必将大大缓解运输调度指挥人员的劳动强度。可以预言,图像处理及计算机视觉技术将在行车指挥自动化系统中占有举足轻重的地位。

3. 列车运行自动导航及安全监控系统

优良的自动导航与安全控制系统将使当前以人工操纵为主过渡到自动操纵为主、人工干预为辅的方式。这种系统可采用先进的图像处理及计算机视觉技术,具备运行状况自动检测、运行图自动核对、前方速度预告、前方有无干扰等预警功能。

4. 列车的自动检测、实时监测及保养系统

列车的自动检测、实时监测系统将分为车上系统与车下系统。车上系统可采用一系列的实时监测手段,如轴温实时探测、电力机车受电弓的电视监控、车辆运行状况的实时信号分析等,这是以计算机为中心的实时信号采集、处理、分析及识别系统。同时,采用视频、声频与可视化显示技术,以图像、音响、数据等方式进行故障定位及预警。它将与安全控制系统一起保证列车正常、安全地运行。

车下系统的保养维护自动化是一套有效的、自动化程度较高的检测系统,其中无损检测将是该系统的主要技术。在无损检测技术中有大量的以信号与信息处理技术为基础的检测方法，如X光检测法、外成像检测法等。

5. 列车服务系统

列车服务系统包括视像化导游系统、列车信息发布系统、移动图像通信系统及旅客车上娱乐系统等。这些服务设施将以多媒体的方式为旅客提供优质服务。

6. 遥感图像处理系统

遥感是图像处理技术的重要应用领域，它在铁路选线、地质地貌分析、地质灾害监测预报方面都有重要应用价值。如GIPS（遥感图像处理系统）、DYMIS（动态监测微机住处系统）、RSIPL-GIS系统、MCIES（微机灾害地貌专家系统）等。在未来的遥感研究中将结合专家系统、地理信息系统的研究成果构成铁路建设中的重要工具。

二、我国铁路信息智能化具体应用

加快推进运输调度指挥现代化，是铁路运输组织工作的一场革命，也是提高运输效率的必要手段。

TMIS（铁路运输管理信息系统）和DMIS（铁路运输调度指挥管理系统）的建设，加快了铁路运输调度指挥现代化建设的进程。计算机辅助调度系统的投入运用，使调度员甩掉了多年的一张图、一把尺子和一支笔的手工作业方式。在DMIS信息基础上建立计算机辅助调度系统，可全面地推进调度指挥现代化的建设，使调度人员在铁路大密度的运输组织当中，有更多的时间和精力、更加科学地组织行车，更有效地提高铁路的运输效率和效益。当计算机辅助调度系统能够直接控制站场的信号、联锁、闭塞和列车运行后，铁路调度指挥将向调度集中或调度远程控制发展，从而带来行车组织的彻底革命。

DMIS是1996年铁道部决定实施的铁路信息化建设项目，是综合通信、信号、计算机网络、多媒体等多门学科技术的系统工程，其目标是提高运输效率、保证行车安全、挖潜提效、减轻调度人员的劳动强度、提高行车指挥的技术水平和实现铁路运输调度指挥现代化。DMIS按照现行铁路运输调度管理体制，设计为四层体系结构，如图10-1所示。

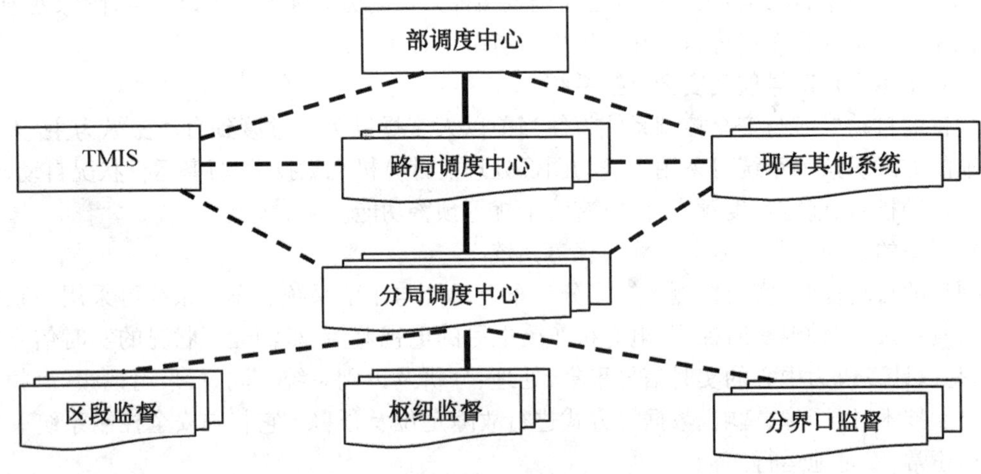

图10-1　铁路智能调度系统结构框架

三、新一代智能化铁路运输系统简介

新一代智能化铁路运输系统又被称为新一代列车控制系统。其主要特征是:由传统单一功能的信号设备发展成为以运输能力为中心,综合各种高新科学技术,实现多功能的智能化的复杂系统。

铁路 ITS 至少包含三个子系统:

(1)先进的运输管理系统 ATMS(Advanced Transport Management Systems);

(2)先进的用户信息系统 AUIS(Advanced User Information Systems);

(3)先进的列车控制与安全系统 ATCSS(Advanced Train Control and Safety Systems)。

四、新一代智能化铁路运输系统特点

新一代智能化铁路运输系统有以下特点:

(1)高科技化;

(2)智能化;

(3)综合集成化;

(4)强调运输系统的整体功能。

第二节　水路智能运输系统

一、港航管理信息系统概述

港航管理信息系统(MIS)是以计算机为基础,以系统思想为主导,为管理业务和管理决策服务的信息系统。其主要内容包括数据,信息,计算机软硬件,数学模型的产生、整理、加工、存储、分析、传输、分发和使用。

港航企业的管理信息系统通常划分为三个层次:

(1)作业性系统;

(2)管理性系统;

(3)战略决策性系统。

二、电子商务平台的建设

电子商务将传统的商务流程电子化、数字化,一方面以电子流代替了实物流,可以大量减少人力、物力,降低成本;另一方面突破了时间和空间的限制,使得交易活动可以在任何时间、任何地点进行,提高了商务效率。它所具有的开放性和全球性的特点,为企业创造了更多的贸易机会,使企业可以以相近的成本进入全球电子化市场,使中小企业有可能拥有和大企业一样的信息资源,提高中小企业的竞争能力。

三、水路智能运输系统结构

自20世纪80年代以来,智能运输系统(ITS)也开始向水路运输扩展。从目前情况来看,水路运输系统智能化主要应做三方面的工作:

(1)船舶智能化;

(2)岸上支持系统智能化;

(3)水上运输系统整体智能化。

水运智能运输系统(ITS)是指运用先进的卫星导航技术、无线通信技术、有线通信技术、信息技术、控制技术、人工智能技术、水路运输技术以及系统工程技术等进行综合集成,实现水路运输优化,水运高效、安全、可靠,港站作业及客货运输信息服务一体化的客货运输系统,如图10-2所示。

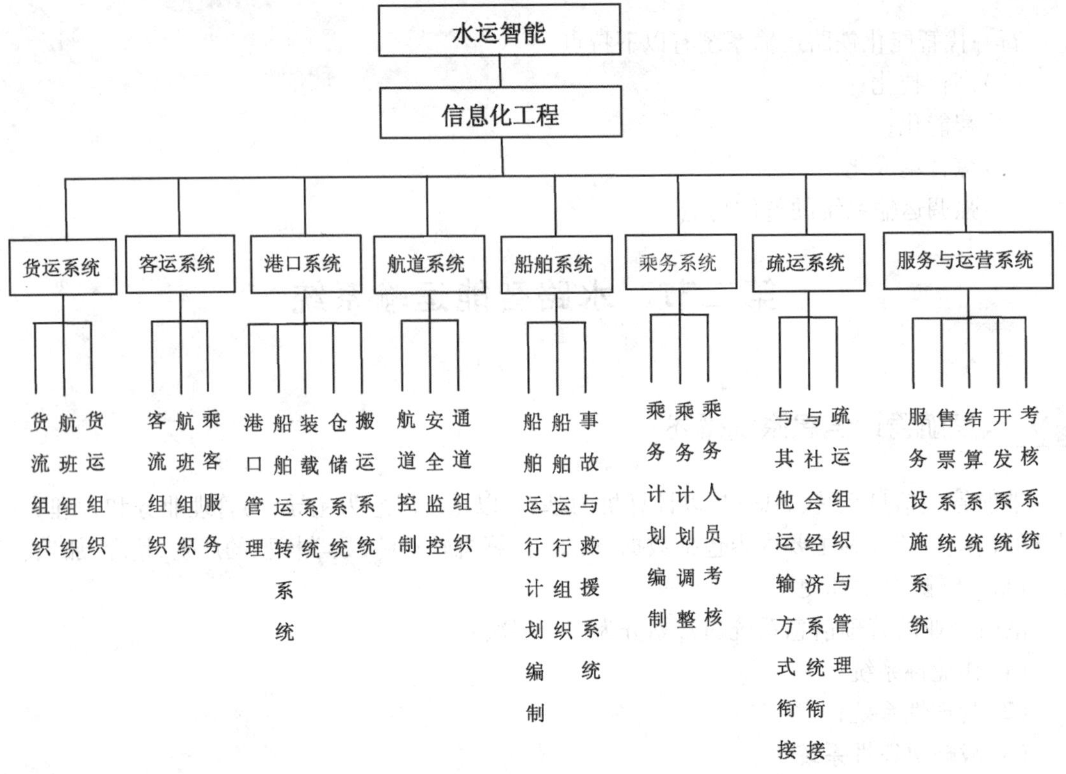

图10-2 水运智能运输系统结构

第三节　航空智能运输系统

一、航空智能运输系统的概念及构成

航空智能运输系统(ITS)是指运用先进的卫星导航技术、信息技术、无线通信技术、有线通信技术、人工智能技术、电子控制技术、航空运输技术以及系统工程技术等进行综合集成,实现航空运输航线优化,飞机起降运行可靠,机场作业及客货运输信息服务一体化的安全、准时、高效的客货运输系统。

1993 年全球开始逐步实施新航行系统,即 ICAO 的 CNS/ATM 系统,它包含了三个子系统,即先进的运输管理系统(ATMS)、先进的用户信息系统(AUIS)、先进的控制与安全系统(ACSS)。

二、航空智能运输系统框架结构

航空运输系统包括飞机、机场、空中交通管理系统和飞行航线四个基础部分。这四个部分有机地结合,在空中交通管理系统的控制和管理下,完成航空运输的各项业务活动。除此之外,航空运输系统还包括商务运行、机务维护、航材供应、油料供应和地面辅助保障等系统。

航空智能运输系统主要包括:货运系统、客运系统、机场设施、空中管制、机群组织、乘务组织、客货服务和经营系统等,其结构框架如图 10-3 所示。

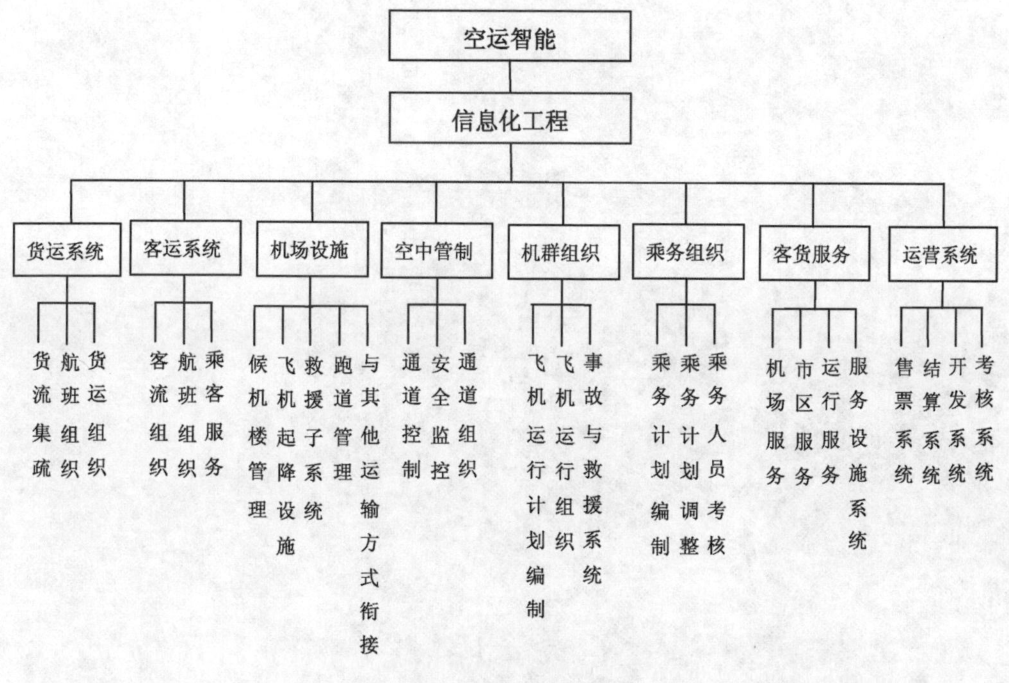

图 10-3　航空智能运输系统结构框架

第四篇

交通运输行业管理与控制

第十一章　交通运输行业管理概述

运输行业管理系统，主要是指作为国家政府的各级运输主管部门及其授权的管理机构，为了实现国家的经济发展的总目标，履行政府行政职能，对交通运输业的经济活动所进行的规划、协调、监督和服务工作的系统。

第一节　中国交通运输行政管理机构

一、国务院下属的综合性机构

(一)国家安全生产监督管理总局

国家安全生产监督管理总局是中华人民共和国国务院直属的正部级行政机构，主要负责指导、协调和监督公路、水运、铁路、民航、建筑、水利、邮政、电信、林业、军工、旅游等行业的安全生产工作。

(二)国家发展和改革委员会

中华人民共和国国家发展和改革委员会作为国务院的职能机构，是综合研究拟订经济和社会发展政策，进行总量平衡，指导总体经济体制改革的宏观调控部门。针对交通行业，其负责研究交通运输发展的状况，提出交通运输发展战略、规划和体制改革建议；拟订促进交通运输技术进步的政策，对交通运输现代化实施宏观指导。

二、外经贸部门

1. 中华人民共和国商务部对外贸易司

它是外经贸系统外贸运输的归口和领导部门，负责拟订国际货运代理企业资格标准，承担法律法规规定的资格审定，拟订我国国际物流发展的政策，参与多双边运输协定的谈判。

2. 各地方商委的仓储运输机构

它主要负责本地区外贸运输组织、管理和协调工作的日常管理。

3. 在香港或国外港口的外贸运输机构

它主要办理我国进出口货物的转运、联运、船务代理以及其他有关运输业务。

三、交通运输管理机构

1. 铁路运输管理机构

国家铁路局由中华人民共和国交通运输部管理(以下简称交通运输部),属国务院部委管理的国家局,行政级别为副部级,根据2013年《国务院机构改革和职能转变方案》由原中华人民共和国铁道部部分机构更名改组设置(其他机构保留于中国铁路总公司的上层),于2014年1月挂牌成立。

2. 水运管理机构

交通运输部水运局:负责水路建设和运输市场监管等工作。其为交通运输部直属行政机构,实行垂直管理体制,履行水上交通安全监督管理、船舶及相关水上设施检验和登记、防止船舶污染和航海保障等行政管理和执法职责。

中华人民共和国公安部(以下简称公安部):依法管理国籍、口岸边防检查工作。

3. 航空运输管理机构

中国民用航空局是中国民用航空运输管理机构。目前我国分为七大民用航空管理区,由中国民用航空局下设华北、东北、华东、华南、西南、西北、新疆七个民用航空地区管理局,负责管理本地区所属的航空公司、机场、航站、导航台等企事业单位的行政与航空事务。

4. 道路运输管理机构

交通运输部运输服务司:负责拟订综合交通运输基本公共服务标准、基础设施、有关道路运输企业安全生产监督管理工作。

交通运输部公路局:负责公路建设市场监管工作等。

公安部:指导、监督消防工作、道路交通安全、交通秩序以及机动车辆、驾驶员管理等工作。

5. 交通运输服务行业的管理机构

本处所称的交通运输服务行业管理机构是指对从事运输代理、无船承运、劳务、维修、供应等辅助运输生产的行业的管理机构。

(1)运输代理。国际货运代理行业,对于外商投资设立的国际货代企业由商务部进行审批;对于内资设立的国际货代企业则由工商部门审批,即取消行政审批,实行备案制。

(2)无船承运由交通运输部审批,不过目前在上海市进行省级审批试点。

(3)劳务、维修、供应等。

第二节　我国现行交通运输行业管理的弊端

一、交通运输组织体系不够合理

交通运输组织体系主要分为两个方面:横向部门设置和纵向层级管理。在横向部门设置上,交通运输部已经实现公路、水路、铁路、航空、管道等多种运输方式的协调发展,但是,在纵向层级管理方面却存在诸多问题。

二、交通运输行政体制改革尚未完全推进

交通运输行政管理体制改革的目标是实现综合交通运输体系，在地方层级也应推行“一城一交”的管理模式，但是，就目前来看，在全国范围内大部分地区并未实现交通运输的综合管理体制。

三、交通与其他部门之间缺乏有效的沟通协调机制

就当前的现状来看，我国交通运输行政管理体制在实施过程中明确规定了公安、交通等部门在交通基础设施建设工作开展过程中所承担的相应工作职责，但基于机制不健全等因素的影响协调效率仍然处在较低的状态。

四、政府交通运输职能划分缺乏规范性

就当前的现状来看，由于我国政府机构在职能划分过程中未对工作人员职能能力进行考核，从而在一定程度上影响到了交通行政管理人员价值的有效凸显。

通过对我国交通运输行政管理体制改革中出现的问题进行分析，可以看出这些问题的出现一部分是由改革的阶段性特征造成的，另一部分问题是在交通运输行政改革的过程中，只追求部门机构改革，注重部门重组的速度，却忽略了机构改革的重要核心是政府职能转变。只有在实现政府职能转变的基础上才能实现机构重组，实现真正意义的大部门制综合交通运输行政管理体制。

第三节　对中国交通运输行业管理改革的建议

党的十八届三中全会在全国范围内掀起了各行各业深化改革的大潮，交通运输领域也要响应党中央号召，对交通运输行业进行统筹谋划，深化大部制改革，完善深化交通运输改革办法，推动改革在中央和地方顺利进行，逐步改善交通运输的基本设施，且在此基础上结合交通运输管理现状，强化“以人为本”的管理理念，为广大人民提高良好的交通运输服务。

一、交通运输机构设置注重部门重组与部内结构优化同步进行

为了大力加强交通运输部的总体协调能力，确保铁路、航空与公路、水路、轨道交通管理的功能最大化发挥，尽可能消除交通运输部内部部分职能部门各自为政问题，需要建立一个具有资源配置权威性的行政管理部门，实现部内结构优化，将可能出现的部际协调困难与冲突现象进行有效控制，避免其形成部内部门间冲突，以此保证真正发挥大部门体制的整合性功能优势。

二、建立交通运输行政管理跨部门及中央与地方的协调机制

中央政府和地方政府职能存在明显的差异，其分工的明确性直接决定两者职能的发挥程度，在分工方面，中央政府主要负责对经济与社会事务的宏观管理，地方政府主要负责提供公共服务，大部门体制改革的重点是转变政府职能、提高行政效率，中央大部制改革后，地方政府的改革应同步推进。现阶段应加快地方交通运输行政管理体制改革，在中央交通运输部门的领导下，创新体制机制改革，支持地方交通主管部门负责行政区交通运输发展，鼓励各地区自行探索综合交通运输改革办法，可因地制宜地建立改革试验点，加快形成“大交通”管理体制和工作机制。

三、合理限定政府职能，理顺政府、市场与社会之间关系

政府与市场的关系即政府落实的宏观调控以市场的资源配置为基础，所以市场自身通过供求关系对产品价格的调整作用必须引起重视，政府应结合市场的此作用调动不同交通运输方式之间的竞争性，以此实现对价格的优化配置。

理顺政府与社会关系，发挥社会力量在社会事务管理中的作用。交通运输部可以向社会购买服务，且在公共交通，汽电车等领域发展过程中强化竞争意识，继而以此来引导交通运输部门在市场竞争日益剧烈的背景下提高自身整体竞争实力，提升整体服务质量。

理顺政府部门之间关系，健全职责体系。在对政府部门进行职能科学分析的基础上，按照权责一致原则，调整部门的职责权限，划分部门的职能分工，同时基于职能合理划分保障工作人员明晰自身工作范围，并严格按照岗位责任制度细则执行相应的工作任务，避免不规范职能划分问题的凸显，且避免多头管理、政出多门的弊端。

四、完善交通运输法律法规，达到系统化交通运输建设目的

为了保障交通运输领域的有序发展，要求相关机构着重强调对交通运输相关法律的完善，推进交通运输综合执法还必须加快法治政府部门建设。政府部门可遵循提高管理效率的成功经验，对执法队伍进行有效的整合，以此缩减行政层次，加大交通运输部门的执法能力。

五、发挥信息技术对交通运输的作用，推进智能交通建设

加快推进交通运输向信息化、智能化方向发展，落实交通运输设施与信息系统互联互通工作，并在此基础上不断挖掘社会力量和市场运行机制在推动交通运输行业数据的安全共享方面的重要作用，加大交通运输行业科技创新的力度，积极将相关科技领域的研究成果应用于交通运输领域，使其更好地为经济发展提供服务。

第十二章　交通运输政策

一、交通运输政策的内涵

我们可以将交通运输政策定义为，一国政府为了促进交通运输业的发展，并使其充分发挥基础产业的作用，主动运用各种经济、法律等手段，针对交通运输业所采取的一系列政策措施的总和。具体而言，政府通常会制定相应的政策来干预和影响运输产业和运输市场。在经济层面，这一干预政策往往以控制市场准入、运输价格和服务行为规范来体现；在社会层面，这一干预政策往往以维护社会和公益为目标，通过制定运输安全、环境保护、运输工人劳动保护等规范来实现。

从交通运输政策的定义来看，构成交通运输政策的要素主要有交通运输政策的主体、交通运输政策的客体以及交通运输政策运行环境三个方面。不同国家的交通运输政策体系特征总是建立在这些要素的基础上。通过这三个要素的比较分析，可以比较全面、准确地把握不同国家及其不同部门交通运输政策的异同。

二、交通运输政策的作用和局限

1. 交通运输政策的作用

交通运输政策是一个重要的产业政策，长期以来，大多数发达国家和发展中国家在制定或调整产业政策时都把交通运输政策作为一项重要的内容。究其原因，主要是交通运输政策具有以下几种基本作用：

(1)弥补市场失灵的缺陷。

(2)实现超常规发展。

(3)促进交通运输产业结构的合理化与高度化，实现资源的优化配置。

(4)从军事和经济上保障国家的安全。

2. 交通运输政策的局限

应该认识到，交通运输政策并不能够解决所有运输问题，它在某些方面还具有一定的局限性，这主要体现为：

(1)交通运输政策并非对交通运输领域的各个层面都具有同等作用。

(2)交通运输政策只是一个外部变量。

(3)交通运输政策的实施需要一定的成本和代价。

(4)交通运输政策作为一种政府行为，也存在失效的可能性。

三、交通运输政策的分类

由国家或地方政府制定的交通运输政策，按其性质可分实施介入性交通运输政策、保护与扶持性交通运输政策和基本调控性交通运输政策三种。

(一)实施介入性交通运输政策

实施介入性交通运输政策，包括直接介入性政策与间接介入性政策。

1. 直接介入性政策

直接介入性政策是指各级政府通过专项税费征收或直接经营企业介入交通运输市场的有关政策。直接介入的措施主要有征收社会性专项费用和直接经营性介入。

2. 间接介入性政策

间接介入性政策是指政府基于社会公众利益或国家经济发展政策的需要，对运输企业行为所制定的规范以及政府对该运输企业经营活动所实施的监督性政策。间接介入性政策也称为运输管制。

(二)保护与扶持性交通运输政策

保护与扶持性交通运输政策包括运输保护政策与运输扶持性政策。

1. 运输保护政策

我国有的省内允许对边远山区的国有公路运输企业实行政策性亏损以及对省际、市际、县际间实施公路客运平衡性业务协调等即属于一种地区性运输保护性政策。我国目前在城市公共客运业实行"城市公共汽车、电车专营制度"，也是对城市公共客运尤其是其中的国有企业实行的一种保护政策。在国际海上运输中，为了发展本国海运业，许多国家都采取了财政补贴、货载优惠、对外国海运业的管理和限制等海运保护政策，以促进本国海运业的发展。

2. 运输扶持性政策

运输扶持性政策，原则上是以运输市场的运输产品价值规律为基础实行的。比如，对于能合理经营但资金不足而导致经营困难的运输企业实行长期低息贷款或财政补贴、减免税费等；对于必须建设的大型运输企业(如铁路、空运、城市快速轨道交通、港口企业等)因地方资金不足而采取国家与地方财政联合投资；各国政府对于运价水平低于运输产品价值的公共运输业实行必要的财政补贴或减免税费征收等，都是国家或地方政府对相关运输产业实行的运输扶持性政策。

(三)基本调控性交通运输政策

基本调控性交通运输政策是指政府主管部门对运输所采取的宏观控制政策，主要包括运输投资、运输结构和运输经济调控手段等方面。

第十三章 交通管理

所谓交通管理就是按照既定的交通法规的规定和要求,运用各种手段、方法和工具合理地限制和科学地组织、指挥交通。所谓交通控制就是运用现代化的信号装置、通信设施、遥控、遥测计算机设备及各种软件对行驶的载运工具准确地调度,使其安全、通畅地运行。两者结合起来就构成交通管制系统。目前在世界范围内,世界各国都在其各种运输方式中普遍采用了智能化的交通控制系统。

第一节 交通管理的相关概念

交通管理是根据有关交通法规和政策措施,采用交通工程科学与技术,对交通系统中的人、车、路和环境进行管理,特别是对交通流合理地引导、限制、组织和指挥,以保障交通安全、有序、畅通、舒适、高效。

交通管制是公安机关交通管理部门根据法律、法规,对车辆和行人在道路上通行以及其他与交通有关的活动所制定的带有疏导、禁止、限制或指示性质的具体规定。一般是在集会游行、大型运动会、道路桥梁建设、救灾抢险、执行重要警卫任务等情况下对交通行为实行的限制,主要是临时性的规定。实行交通管制后,市民应该遵守管制通告,积极配合交警部门的工作。

一、交通管理与交通管制的关系

交通管理是指按照既定的交通法规的规定和要求,运用各种手段、方法和工具合理限制和科学组织、指挥交通。交通管理实际上包括交通规划、交通管制(控制)和交通服务三个方面的内容。

二、交通管理的任务

交通管理的目的是防止运输工具与运输工具及障碍物相撞,并且要使交通有序、高效地运行,争取最少的延误、最短的运行时间、最大的通行(过)能力和最低的营运费用,从而最后取得良好的经济效益、社会效益和环境效益。

三、交通管理在航空领域的应用

以空中交通管理为例,它的基本任务包括以下五项内容:

(1)为每个航空器提供其他航空器的即时信息和动态。

(2)由这些信息确定各个航空器之间的相对位置。

(3)发出管制许可、使用许可和信息防止航空器相撞,保障空中交通畅通。

(4)用管制许可来保证在控制空域内各航班的间隔,从而保证飞行安全。

(5)从航空器的运动和发出许可的记录来分析空中交通情况,从而对管制的方法和间隔的使用进行改进,提高空中交通的流量。

第二节 各种运输方式交通管理的特点

一、铁路交通管理的特点

以铁路运输为代表的轨道运输只有一个变数(方向),上下与左右两向受到了物质基础的严格限制。铁路运输的这一特点,一方面,使得对铁路列车的运行管制主要集中体现在方向的隔离上,即列车追踪区间间隔和车站时间间隔;另一方面,由于铁路列车的上下、左右受到限制,因此,对于铁路列车在方向上隔离的准确度要求较高。此外,现行的铁路管理体制也决定了铁路交通管制与铁路企业调度机构合二为一,即实行政企合一。

二、道路交通管理的特点

道路运输为带状运输,有两个变数(方向及转弯),需要对左右和前后两向分别实施空间隔离,加之,道路运输存在路网密集、交叉点多、参与者多且复杂等特点。因此,对道路交通的管制,除了应建立交通规章、指定优先路向外,还专门设置交通警察指挥交通。

三、水路交通管理的特点

水路运输也称为带状运输,同样需要对左右和前后两向分别实施空间隔离。

与道路交通管制相比,水路交通管制有自己的特点。一方面,水路交通管制具有“点”控的特点,即交通管制主要集中在以港口为中心的水域,对港区以外的海域主要由驾驶人员依据水路交通规则进行操纵与控制;另一方面,水运船舶的种类繁多、吨位差异极大、航速与机动操纵性能大不相同,受风浪、急流、浓雾等自然因素的影响较大,而且国际航行的船舶还必须适应国际海事的要求,即具有突出的涉外性。

四、空中交通管理的特点

飞机的运行轨迹为三维空间,有三个变数(方向、上下及转弯),需要对其进行三维隔离。同时还要受到空中交通管制机构的管理。

第三节 各种运输方式交通管理系统

一、铁路交通管理系统

按设备分布的地点，铁路交通管理系统分为：调度中心系统、车站信息系统和车载及地面控制系统。

（一）调度中心系统

调度中心系统是整个先进列车控制系统的神经中枢，是最上层的决策机构。调度中心负责制订运输计划和担负列车运行调度指挥工作。调度中心的核心设备是运输管理系统服务器、列车运行管理系统服务器、列车运行控制系统服务器，每套服务器都是高速可靠的多机系统，采用高速网络连接所有的服务器和客户机，并通过远程网络与车站、地区的管理维护中心局域网相连。调度中心服务器支持各调度台的客户机系统，提供信息共享以及声音、图像等多媒体支持。行车、机车等调度台通过局域网、分布数据库实现数据共享。

（二）车站信息系统

车站信息系统的核心是服务器支持的局域网，并通过远程网络与调度中心相连。

车站信息系统的核心任务是采集列车位置、信号设备的状态等列车运行信息，并将其传送到调度中心；接受调度中心的列车运行计划并转换成命令驱动道岔和信号，为列车准备进路。车站系统接受调度中心由列车运行计划产生的旅客向导信息，以自然语言和文字引导旅客，并可以为旅客提供咨询、娱乐等服务。

（三）车载及地面控制系统

列车运行控制系统主要由车载系统和地面控制系统组成，它们直接控制列车运行。现代先进列车控制系统采用精确的列车定位技术，精确地测定列车位置，同时也测定列车的速度以及加速度等。列车通过车载计算机接收前方列车的位置和状态信息，接收信号、进路信息。车载数据库存有列车所运行区段线路的纵、横断面信息，车载系统存有本列车的性能和驾驶方法。根据这些信息车载系统计算出本列车应有的工作方式，必要时采取制动，甚至是紧急制动措施。车载系统除了车载的计算机系统外，还有车载的通信系统，在机车上设置数据－通话兼容的无线通信设备。通过车上的数据通信设备将列车的位置、速度、加速度、列车工况等数据传递到调度中心；列车将调度员和调度系统的有关指示，通过无线通信方式传递给司机。

二、水运交通管理系统

随着世界外贸海运量迅速增加，大量船舶频繁活动于港口和海上交通要道，加之船舶向大型化、高速化发展，使港口航道拥挤不堪，导致这些水域的海损事故率逐年增加。国际海事组织对此制定了相应的对策，船舶交通管理系统（亦称船舶交通服务系统，Vessel Traffic Services，

VTS）就是其中之一。

1. VTS 功能与组成

VTS 旨在提高交通安全、交通流效率和保护环境。VTS 的功能包括收集数据、数据评估、信息服务、助航服务、交通组织服务与支持联合行动。VTS 由 VTS 机构、使用 VTS 的船舶与通信三部分组成。

VTS 在其覆盖的水域收集两方面数据：一方面是航路的气象、水文数据及助航标志的工作情况；另一方面是航路的交通形势。收集到数据以后，再用适当的方式显示这些数据，根据国际与当地的船舶交通规则以及有关的决策准则，对交通形势现状与发展趋势进行分析，这就是数据评估。

2. VTS 设备

VTS 的设备配置随 VTS 系统的等级不同而变化，一个完整的 VTS 系统应配置如下子系统：雷达监测子系统；通信子系统；计算机子系统。

3. VTS 对船舶的服务和监督

根据 IMO 规定，凡使用 VTS 的船舶应符合《国际海上人命安全公约》的要求。到达实施 VTS 港口之前应注意做到以下几点：

（1）仔细阅读 VTS 主管机关印发的出版物，了解当地水上交通规则及其他相关规定。

（2）保证船舶助航与通信设备处于正常工作状态。

（3）注意按照规定收听 VTS 中心发布的有关消息。

（4）按照 VTS 主管机关的规定，正确、及时地向 VTS 中心报告有关信息。

（5）一般不改变经船舶与 VTS 中心双方同意的航行计划。

（6）迅速、准确地向 VTS 中心报告意外情况。

（7）当到达或离开 VTS 区域时要向 VTS 中心进行到达与最终报告。

三、航空交通管理系统

（一）航空运输生产体系

航空运输生产按其生产内容可以分成五大体系，在运输现场指挥部门的统一组织下，各管理部门和岗位之间分工合作，共同完成航空运输生产任务。这五大体系包括：

（1）机场保障体系；

（2）机务维修管理体系；

（3）航行业务管理体系；

（4）油料供应保障体系；

（5）运输服务体系。

（二）航空客货运输管理

1. 航班运输生产管理

航空旅客和货物运输是航空公司的主营业务，是航空公司赖以生存的社会基础和经济基础。航空客货运输生产管理分四大部分：第一，航班计划管理；第二，市场销售管理；第三，地面服务管理;第四,运输飞行管理。航班运输飞行分为飞行准备和飞行实施两部分。

2. 航空旅客运输生产的组织与实施

航空运输生产过程在“安全正点、优质高效”的原则下,通过有机地组织和协调,有效地完成生产任务。它主要包括:

(1)市场营销组织;

(2)制订航班计划;

(3)座位管理;

(4)吨位控制;

(5)运输飞行组织;

(6)生产调度。

(三)空中交通管制的工作任务与机构

空中交通管制工作在民用航空运输中发挥着重要作用。它的主要目的是:使航空器按计划飞行,使保障工作有条不紊;维护飞行秩序,合理控制空中交通流餐,防止航空器之间、航空器与障碍物之间相撞,保证飞行安全;对违反飞行管制的现象,查明情况,进行处理。空中交通管制模式:完全一体化、不完全一体化、军方控制。

第十四章 道路交通管理系统

第一节 交通流量调查

一、交通流量调查的目的

交通流量是指单位时间内通过道路或车道某一断面的交通实体的数量。交通流量调查的目的是：

(1)对某一地点做周期调查，掌握交通流量随时间推移的变化规律，据此预测交通流量的发展趋势。

(2)为道路规划、建设及交通管理与控制提供交通流量流向数据。

①通过区域性交通流量调查决定新建与改建道路的先后顺序，即为投资顺序、安排提供定量依据；

②通过道路现有交通流量调查，确定设置信号、标志及采取某项交通管理措施的必要性；

③为道路几何设计及交通控制设计提供交通流量依据。

(3)通过事前、事后的交通流量调查，评价交通管理措施的效果。

(4)在交通研究中通过交通流量调查掌握交通实态。

(5)用于推算道路通行能力、计算事故率及道路运输成本和收入等。

二、交通流量调查的种类

交通流量的调查只需在某种确定的条件下，统计通过道路或车道某一断面的汽车数量。本节仅就交通动态观点介绍交通流量调查分类：

(1)区域交通流量调查。

(2)小区边界线交通流量调查。

(3)核查线调查。

(4)特定地点的交通流量调查。

三、交通流量调查方法

交通流量的调查是在固定地点、固定时段内的车辆数量调查。它有许多方法，诸如：人工观测法、试验车移动调查法、车辆感应器测定法及视频检测法等。

1. **人工观测法**

人工观测法简单、易行,不需要复杂的设备,但需要较多的人力,而且长时间观测时由于工作单调易于疲劳,故很难保证观测质量。

2. **试验车移动调查法**

试验车移动调查法,可用较少人力测定较长区间内的平均通过交通量,并可在测定交通量的同时求取区间速度与密度,这对研究各参数间关系非常方便。但此法仅适用于短时间的测量。

3. **车辆感应器测定法**

使用车辆感应器测定交通流量安全、可靠,且适用于常年连续观测,但它的购置费用较高,还需经常进行检验、维修及电源保证,对测试人员技术水平的要求也较人工测定高。

4. **视频检测法**

其基本原理:视频图像处理器通过分析交通场景的图像来确定连续画面之间的变化,以监测车辆。分析黑白图像的图像处理算法检测画面像素的灰度变化。这些算法能去除由图像背景引起的灰度变化(由天气状况、阴影、日间或夜间的假象及停止的汽车、卡车、客车、摩托车和自行车等引起)。由连续画面过滤而得的信息可计算出交通流参数。

5. **微波检测**

微波检测又称为微波雷达监测。“雷达”一词来源于它所实现的功能:无线电探测及测距。“微波”一词指可传递能量波的波长,通常在 1 ~ 30 cm,对应的频率范围为 1 ~ 30 GHz ($1\ GHz = 10^9\ Hz$)。

第二节　交通控制系统简介

全球经济的腾飞,对交通运输的需求越来越迫切。然而在大城市新建和扩建道路的可能性也越来越小,并且仅依靠基础设施的建设,不可能满足交通需求,城市交通拥挤已日趋全球化。世界各国都非常重视日益严重的交通问题,投入大量的人力、物力对交通运输的管理与控制技术进行开发,相继出现了许多不同的交通控制手段和系统,诸如:美国 TRANSYT(Traffic Network Study Tool),由英国运输与道路研究所(TRRL)和三家电器公司共同开发的 SCOOT 系统(Split, Cycle, Offset Optimization Technique)以及由澳大利亚、日本等国研究的类似于英国 SCOOT 系统的第二代区域自动控制系统——SCATS 系统(Sydney Coordinated Adaptive Traffic System)等。

一、交通控制系统分类

交通控制系统就其运行方式而言,基本上可以划分为两大类:第一,按照固定配时方案运行的,即固定配时方案控制系统,也叫作定周期信号控制系统;第二,由车辆检测器提供的实时交通流信息控制信号机运行的,亦即信号机根据实时交通状况,自动改变或调整配时方案,对交叉口实行实时随机控制的感应式信号控制系统。

交通控制系统就其控制范围来讲,可分为:第一,单个交叉口独立控制,即所谓单点信号控制系统;第二,仅仅包含一条连续路线的多个交叉口联动控制,亦即干线协调控制系统(线控);第三,整个路网的联动协调控制——区域协调控制系统(面控)。

上面我们简要介绍了交通控制系统的分类,具体的分类过程如图 14-1 所示:

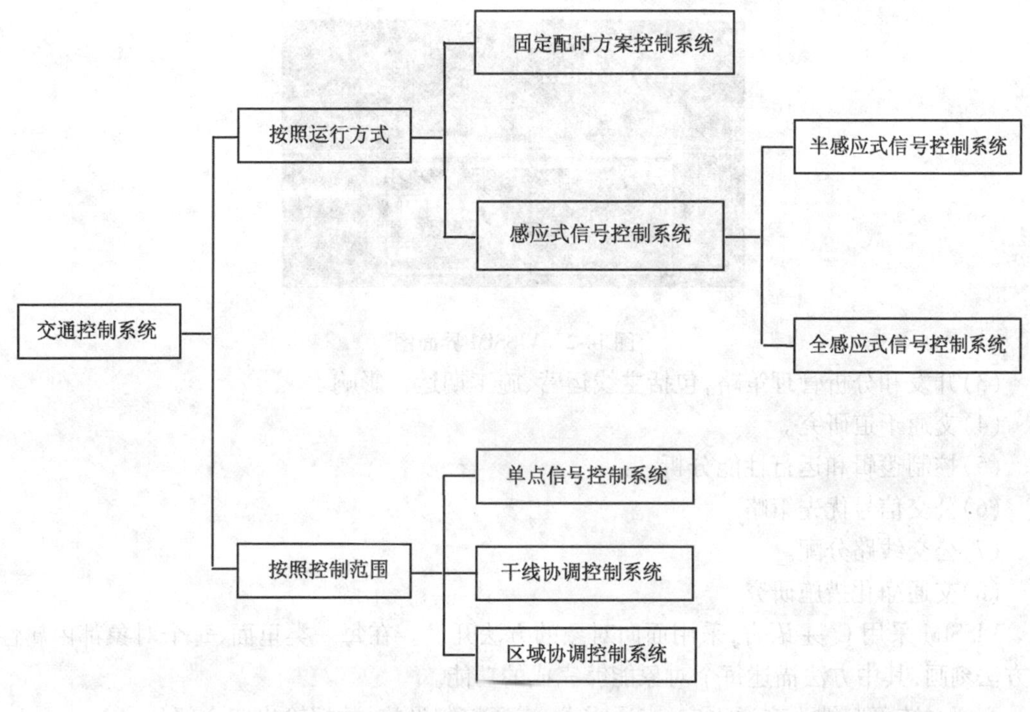

图 14-1 交通控制系统分类图

二、国外先进的交通控制系统简介

目前国外比较典型的交通控制系统有三种:其一,英国交通与道路研究所(TRRL)于 1966 年开始开发的 TRANSYT(Traffic Network Study Tool)系统,TRANSYT 有很多版本,它在美国得到了进一步的开发和广泛的应用,因此也有人简称为美国的 TRANSYT 系统;其二,澳大利亚、日本等国开发的 SCATS (Sydney Coordinated Adaptive Traffic System)系统;其三,英国 TRRL 于 1973 年开始研究开发的 SCOOT (Split-Cycle-Offset Optimization Technique)系统。

三、仿真软件介绍

VISSIM 软件是德国 PTV 公司的产品,它是一个离散的、随机的、以 0.1 秒为时间步长的微观仿真软件。车辆的纵向运动采用了心理 - 生理跟驰模型;横向运动(车道变换)采用了基于规则(rule-based)的算法。VISSIM 提供图形化界面,用 2D 和 3D 动画向用户直观显示车辆运动,如图 14-2 所示。

VISSIM 中每个车辆以 0.1 ~ 1 秒的间隔重新计算位置,可以研究私家车、公交车、行人的运动。通常的应用包括:

(1)仿真交通走廊,确定系统性能、瓶颈、改善潜力。

(2)交通管控研究,包括逆行系统、可变速度限制、匝道控制、路线诱导。

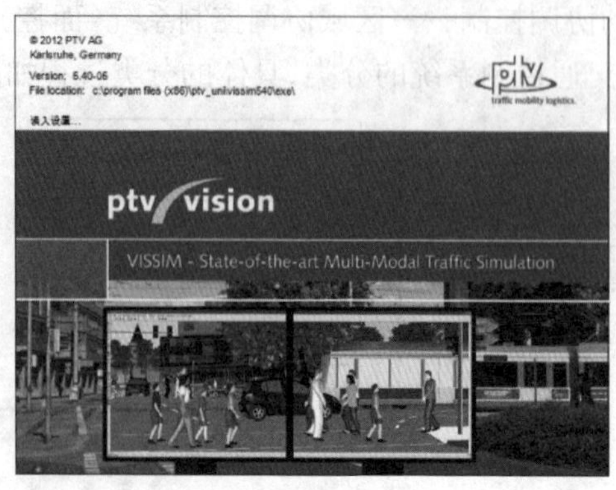

图 14-2 VISSIM 界面图

(3)开发和分析管理策略,包括主线运营、施工期运营影响。

(4)交通干道研究。

(5)控制逻辑和运行性能分析。

(6)公交信号优先策略。

(7)公交线路分配。

(8)交通净化措施研究。

VISSIM 采用 C ++ 语言,采用面向对象的方法开发。在每一类里面,每个对象都由属性值和方法刻画,其中方法描述每个对象能够完成的功能。

交通系统可归纳为交通供应、交通需求、交通控制设施、数据输出四个部分。

交通供应描述物理基础设施情况,包括信号灯杆、停车设施、公交站、停车场、检测器等放置在物理基础设施上的设备。

交通需求生成运行在交通供应上的人、车需求,交通需求通过 O－D 矩阵、路段输入确定。分配模型和路径流量描述是这个模型的一部分。公交线路被定义为路段和站点的序列。

交通控制设施:非立交的交叉口由交通控制模块定义规则,包括四个方向停车让行规则、主次路通过间隙接受的优先规则、交通信号控制方案等。

数据输出:包括动态演示、交通控制状态、统计数据、车辆状态。

第五篇

交通运输企业管理

第十五章　交通运输企业管理概述

一、交通运输企业管理概念

交通运输企业是从事运输生产或提供运输服务活动的经济组织。交通运输企业的活动要能满足社会对运输的一定需求并获取盈利，能进行自主经营，实行独立经济核算，并依法登记，具有法人资格的基本经济组织。

交通运输企业管理是通过计划、组织、指挥、控制和协调、鼓励等职能的发挥，来协调运输企业内部和外部的关系，以达到充分利用人力、物力、财力，来保证实现运输企业预期目标所进行的各种工作的总称。

二、交通运输企业管理的作用

交通运输企业管理的作用主要体现在四个方面：第一，运输企业管理可以有效协调运力和运量之间的平衡问题。运输企业根据运量情况，对本企业的运力进行合理配置，使运量与运力配置相平衡。第二，运输企业管理可以提高运输工具的运行效率，从而提高运输业的微观经济效益。第三，运输企业管理能够统筹安排，有效保证运输生产协作，对于整个运输过程而言，运输部门、货主部门、运输部门内部各相关生产单位通过一定的组织形式，协同合作使运输任务高效完成。第四，运输企业管理可以针对运输体系内的薄弱环节进行有效组织，提高整个系统的灵活性和效率。

三、交通运输企业管理的基本要求

交通运输企业管理的基本要求包括：

(1)连续性；

(2)平行性；

(3)协调性；

(4)均衡性。

四、交通运输组织管理的内容与程序

(一)交通运输组织管理的内容

交通运输组织管理的内容既包括对交通工具、装卸、搬运工具等作业设备的管理,也包括对运输货物本身的管理。在实际业务过程中,往往把前者称为运输工具管理或者港站技术管理,把后者称为货运业务管理。

1. 运输企业组织管理的内容

运输企业组织管理的内容包括:计划、组织和调度三部分。

首先,运输生产的计划工作可以分为经营计划和管理计划两种,经营计划是指为了达到企业适应市场环境变化和发展而做出的全局性决策,管理计划是经营计划下企业不同部门、不同职能、不同项目的活动决策。

其次,制订好运输计划后,就是运输业务的组织过程,即对企业拥有的各种资源进行配置和协调的过程,使它们能按一定的程序运作。运输计划最终要落实到每个运输工具上,对每个航次(运次、车次、班次)过程进行组织与管理,力求运输工具在时间、速度、行程、载重量、动力等方面都有良好的利用。

最后,运输调度管理。一方面,要依据生产计划对企业成员赋予职、责、权、益方面的划分以确保计划实施;另一方面,又要监督计划实施过程中生产活动不偏离计划主线,风险出现时还要能采取应急机制规避风险,其中更要注重对员工积极性的激励。因此,信息反馈很重要,运输调度管理是在信息流的作用下解决计划实施过程中所出现的问题的过程。

2. 港站企业过程管理的内容

港站企业是专门从事运输工具在港站作业以及货物装卸、搬运、储存、保管等作业管理的单位,其生产过程管理的内容也包括三个方面:计划、组织和调度。

(1)港站生产计划;

(2)港站生产作业组织;

(3)调度管理。

(二)交通运输组织管理的工作程序

虽然不同的运输企业之间组织结构不同,运输方式不同,但是从宏观的角度来说,交通运输企业生产程序基本的流程是相似的,概括起来分为九个步骤:

(1)货物市场分析;

(2)营运分析;

(3)成本分析;

(4)收益分析;

(5)编制运输生产计划;

(6)市场营销;

(7)制定运输方案;

(8)实时运输方案;

(9)效果评价与反馈。

在运输企业生产过程管理中,以上步骤不断循环、相互联系,使运输组织工作不断完善。

第十六章 交通运输过程管理

第一节 交通运输生产过程及相关术语的概念

一、交通运输生产过程的概念

交通运输生产过程是利用线路、运输工具等技术设备,将人或原料和产品从一个生产地点运送到另一个生产地点或消费地点的全过程。

运输工具完成一次完整的货运生产过程必须包括以下主要环节:

(1)准备工作:向起运地点提供运输工具。

(2)装货工作:在起运地点将货物装上运输工具。

(3)运送工作:运输路线上由运输工具运送货物。

(4)卸货工作:在到达地点从运输工具卸下货物。

对于运输工具完成包括准备、装货、运送和卸货共四个环节在内的一次完整的运输生产过程,在水路运输中称为航次,在公路运输中称为运次,在铁路运输中称为车次,在航空运输中称为班次。

如果运输工具在完成运输工作过程中,又周期性地返回到第一个航次(运次、车次、班次)的起点,则这种过程称为周转。

二、交通运输生产过程的分类

1. 根据作业所处的时间不同划分

根据作业所处的时间不同可以分为三个阶段:准备阶段、生产阶段、结束阶段。

2. 根据作业的性质及作用的不同划分

根据货物被服务的性质和作用的特点的不同可以将生产过程分为四个过程:运输生产准备过程、基本运输生产过程、辅助运输生产过程和运输生产服务过程。

3. 根据作业性质不同

交通运输生产过程按作业性质不同,可分为运输工具运行组织和运输业务组织。

三、交通运输生产的特点

物流运输生产活动除了受政府管制与扶持以外,在其产品和生产过程方面也与其他工商部门有着明显的差异,具有自己的特点。

1. 运输产品的特点

(1)产品效用的同一性。

(2)运输产品的多位性。

(3)产品的计量单位通常是一个复合单位。

(4)产销计算单位的不一致性。

(5)产品质量具有特殊性。

(6)产品无法存储、调拨性。

2. 运输生产过程的特点

(1)运输生产的连续性、广袤性、网络性。

(2)运输生产的稳定性较差而动态性较强。

(3)运输生产的规模化特性。

(4)劳动对象的不可控制性。

(5)生产在销售之后。

第二节　各种运输方式企业生产组织管理

一、各种运输形式经营组织方式

1. 铁路经营组织方式

(1)整车运输。

(2)零散快运。

(3)快运。

(4)特种运输。

(5)集装箱运输。

2. 水路经营组织方式

(1)定期运输。

(2)不定期运输:程租、期租、包租、光租。

3. 公路经营组织方式

(1)多班运输。

(2)专业运输。

(3)拖挂运输,分为定挂运输和甩挂运输两种形式。

4. 航空经营组织方式

(1)班机运输。

(2)包机运输。

(3)集中托运。

(4)特快专递。

二、各种运输方式组织管理流程

由于各种运输方式具有不同的运输工具和场站线路及设备,因而,各种运输方式的运输生产过程的组织管理在内容和程序上都具有其自身的特点。

(一)铁路运输

铁路货车场站企业技术管理过程是指自货车到达车站时起至从车站出发时止,必须办理的各项作业的全过程。货车按其在车站办理技术作业的特征可分为无调中转车、有调中转车和货物作业车三种情况。

(二)水路运输

水路运输的企业管理一般发生在港口生产作业环节,港口生产作业过程可以划分为船舶转运作业、装卸作业、货物搬运作业、货物仓储作业、货物集疏运作业和辅助作业六个环节。

(三)公路零担货运

零担货运是指一张(一批)货物运单托运的货物重量或容积不够装一车(不够整车运输条件),运输部门安排和其他托运货物拼装进行运输的方式。其业务流程主要分为八个部分,分别如下:

(1)受理托运;
(2)核对运单;
(3)检查货物包装;
(4)过磅量方、检货司磅;
(5)扣、贴标签、标志;
(6)货物入库;
(7)货物配载装车;
(8)卸车交货。

(四)航空运输

航空运输业务流程主要分为九个环节:

(1)托运受理;
(2)订舱;
(3)货主备货;
(4)接单提货;
(5)缮制单证;
(6)报关;
(7)交货;
(8)信息传递;
(9)费用结算。

(五)多式联运

多式联运一般业务流程如下:

(1)货主(发货人)提出发货委托书或亲自登门办理托运手续。

(2)联运经营人(联运办公室)根据货主委托书,在规定时间、地点派车取货或由货主亲自送货,货物在联运企业仓库集结。

(3)联运经营人(联运办公室)办理货物票据手续及核收运杂费。

(4)根据货主规定的发货日期(或对到货日期的要求)向运输企业托运,组织货物始发装运,联运经营人(联运办公室)负责选择运输工具和安排运输线路。

(5)在不同运输工具的衔接点办理货物中转业务。

(6)办理货物到达票据手续和到达杂费结算。

(7)联运经营人(联运办公室)根据货主(收货人)指定的时间、地点派车或由货主亲自取货。

第三节 交通运输优化理论

一、交通运输优化理论概述

交通运输优化也叫作交通运输合理化,是指在一定的条件下以最小的运输运作成本而获得最大的效率和效益。具体而言,交通运输合理化是指按照商品流通规律、交通运输条件、货物合理流向、市场供需情况,走最少的路程,经最少的环节,用最少的运力,花最少的费用,以最短的时间把货物从生产地运到消费地。

二、交通运输优化的影响因素

影响交通运输优化的决定性因素包括以下五个:

(1)运输距离;

(2)运输环节;

(3)运输工具;

(4)运输时间;

(5)运输费用。

第四节 交通运输方式的选择

一、影响运输方式选择的因素

选择运输方式的判断标准主要包括如下一些要素:货物的性质、运输时间、交货时间的适

应性、运输成本、批量的适应性、运输的机动性和便利性、运输的安全性和准确性等。上述各种选择要素中，主要考虑以下五个方面的要素：

(1)运输价格；

(2)运输时间；

(3)货物种类；

(4)运输量；

(5)运距方面。

二、运输方式的选择方法

运输方式的选择包括单一运输方式的选择和联运的选择。在选择时，可以根据运输环境、运输服务的目标以及其他多方面的要求进行选择，本书主要介绍综合评价选择法。

(一)综合评价选择法步骤

交通运输系统的目标是实现货物迅速安全和低成本的运输。然而，运输的速度性、准确性、安全性和经济性之间是相互制约的。若重视运输速度、准确、安全，则运输成本就会增大；反之，若运输成本降低，则运输的其他目标就可能难以全面实现。因此，在选择运输方式时，应综合考虑运输的各种目标要求，采用诸如因素分析法、权重分析法、层次分析法等进行综合评价选择。以权重分析法为例，综合评价选择法的基本步骤如下：

(1)确定可供选择的运输方式集 $j, j=1,2,3,\cdots,m$。

(2)确定运输方式选择的评价因素集 $F_i(i=1,2,3,\cdots,n)$。

(3)定量化各种备选运输方式下各评价因素值 F_{ij}。

(4)根据各评价因素对运输方式选择所起的作用，对评价因素赋予不同的权数 W_j。对各评价因素权数大小的确定，目前尚无绝对的方法。一般来讲，W_j 是结合货物本身的特征，并尽量吸收实际工作者或者有关专家的意见进行确定。

(5)确定每种运输方式的综合评价值，并以其最大者为选择对象。综合评价值 V_j 按以下公式确定：

$$V_j = \sum_{i=1}^{n} W_j F_{ij}$$

(二)综合评价选择法举例

假设某种产品的运输有铁路、公路两种运输方式可选，货主列出了影响运输方式选择的评价因素为运输时间、运输时间适应性、运输费用、运输能力、货损货差、用户服务。各评价因素及其权重的评分如表 16-1 所示。根据权重因素法确定货主应选择的运输方式。

表 16-1 运输方式选择评分表

因素	权重	各因素评分		因素	权重	各因素评分	
		铁路运输	公路运输			铁路运输	公路运输
运输时间	8	7	5	运输能力	6	6	2
运输时间适应性	5	5	7	货损货差	7	5	4
运输费用	8	8	4	用户服务	5	6	9

根据表中数据,由公式 $V_j = \sum_{i=1}^{n} W_j F_{ij}$ 可以计算出铁路运输的综合评价值 $V_1 = 246$,公路运输的综合评价值 $V_2 = 192$,铁路运输综合性能较好,货主应该选择铁路运输的方式托运。

第五节　交通运输线路的选择

在组织运输工具完成货物的运送工作时,通常存在多种可供选择的运输线路。运输工具按不同的运输线路完成同样的运送任务时,由于运输工具的利用情况不同,相应的运输效率和运输成本也会不同。因此,选择时间短、费用省、效益好的运输线路是运输企业管理的一项重要内容。

一、运输线路的种类

(1)往复式运输线路。

往复式运输线路是指在货物运送过程中运输工具在两个货运地点之间往返运行的线路形式。根据运输的载运情况,又可分为单程有载往复式、回程部分有载往复式、双程有载往复式。

(2)环形运输线路。

环形运输线路是指运输工具在由若干个装卸作业地点组成的封闭回路上,做连续单向运行的线路形式。由于不同运送任务装卸作业地点分布不同,环形线路可能有不同的形式,如简单式、交叉式或三角形式、复合式或环形式。

(3)汇集式运输线路。

汇集式运输线路是指运输工具沿运输线路上各货运地点依次进行装(卸)货,并且每次货物装(卸)量均小于该运输工具的额定载货量,直到整个运输工具装满(卸空)后返回出发点的线路。

二、运输线路选择的原则

运输线路合理与否对运输速度、车辆的合理利用和运输费用都有直接的影响,运输线路的选择首先应确定线路选择的目标。目标的选择是根据物流运输的具体要求、承运人的实力及客观条件来确定的,通常情况下可以有以下目标:

(1)以效益最高为目标,计算时求利润的最大化。

(2)以成本最低为目标,实际上也是效益最高。

(3)以路程最短为目标,这在成本与路程相关性较强的时候,以路程为目标较好。

(4)以吨千米为目标。

(5)以服务指标的准确性最高为目标。

(6)以运力利用最合理、劳动消耗最低为目标。

目标的实现过程受很多条件的影响,即约束条件,因而必须在满足约束条件下取得成本最低或线路最短等目标。在一般情况下,常见的约束条件有以下几项:

(1)满足所有收货人对货物品种、规格、数量的要求。

(2)满足收货人对货物送达时间范围的要求。

(3)在允许通过的时间段内进行运送。

(4)各运送路线的货物量不得超过车辆容积和载重量的限制。

(5)在承运单位现有的运力允许范围内。

第十七章　交通运输计划管理

第一节　交通运输计划管理的概述

一、交通运输组织计划的含义及类型

交通运输组织计划也叫作货运生产计划，是运输企业在计划期内对所运输的货物数量、流向和主要技术经济指标，以及运力的提供和调配，其基本上由货物运输计划(运量计划)、运力计划(运输工具计划)和运量与运力平衡后制定的运输工具作业计划三部分组成。

二、交通运输计划管理的作用

运输计划是运输企业组织运输活动的重要依据，在运输经营管理工作中有着十分重要的作用，主要表现在以下几个方面：

(1)满足市场对运输服务的需要。

(2)编制企业经营目标的依据。

(3)组织运输活动的依据。

三、交通运输生产计划编制依据和原则

1. 交通运输组织计划编制的依据

(1)物质技术基础。

(2)国家宏观目标和企业发展总体战略目标。

(3)上期计划预计完成情况。

(4)各项技术经济定额。

2. 交通运输组织计划编制的原则

(1)积极可靠，留有富余的原则。

(2)保证重点，照顾一般的原则。

(3)综合平衡的原则。

第二节 交通运输技术经济指标

一、交通运输技术经济指标概述

(一)交通运输技术经济指标的概念

交通运输技术经济指标是全面、集中、概括地反映运输企业经营管理工作的数量和质量，反映运输业完成国家运输任务，满足运输需求，以及反映运输业社会经济效果和运输业本身经济效果的各种指标的总称。

(二)交通运输技术经济指标的分类

交通运输技术经济指标可以有多种分类，按指标的作用可以分为统计指标、计划指标和考核指标；按指标的数值形态可分为数量指标和质量指标；按指标反映的工作内容可分为运输生产成果指标、营运指标、消耗指标、质量安全指标、劳动工资指标、财务成本指标等。

二、交通运输技术经济指标之间的关系

交通运输技术经济指标是相互联系、相互制约、相互依存的。在经济技术指标中，产量是基础，质量是关键，效率是根本，利润是结果。产量(换算周转量)是计算效率、成本、燃料、消耗、劳动生产率的依据，也是计算流动资金和利润的间接依据。质量是保证合格产量的关键，没有质量就没有数量。提高运输效率是增加产量、降低成本、提高全员劳动生产率的根本措施；效率提高就能取得增加产量、降低成本的经济效果。利润是产量、质量、消耗、成本、资金的综合反映，是企业经营管理的最终结果。因此，我们一方面应全面地看待主要经济技术指标，加强综合平衡，不能有所偏废；另一方面应该建立主要指标的分工负责制。

三、运输工具与设备运用效率指标

衡量运输工具、装卸设备等运用效率的指标主要有五类单项指标，即时间利用指标、行程利用指标、速度利用指标、载重能力利用指标以及动力利用指标。以下将对每项指标的具体含义进行分析：

(一)时间利用指标

1. 数量指标

运输企业在册运营的运载工具(列车、船舶、汽车、飞机)及其配套设备(装卸设备和场站设施)，在不同的时期内可能处于不同的状态，如处于可用于运输的完好状态、维修或者待报废状态、处于正在运输状态、处于闲置或等待任务状态等，因此，所有的运输方式都采取复合指标，即以运输工具、设备(数量和吨位)与时间的乘积作为评价运输工具、设备等利用程度以及

统计运输工具、设备等工作状态的基本计量单位，并建立若干表征时间利用数量的指标。

2. 质量指标

(1)完好率。

完好率是用来表示运输工具、设备可以用于运输、装卸工作的最大可能性，它是反映运输工具、设备技术状况、技术管理和保修水平的指标。完好率的反指标是修理率。公路运输中的完好率指的是完好车日在总车日中所占的百分比，修理率是指非完好车日在总车日中所占的百分比。

(2)工作率。

公路运输中的工作率是指全部营运车辆的工作车日占总车日的百分比。

水路运输中的工作率指标包含航行率、重航率、平均航次周转期。

铁路运输中工作率指标包括货物周转时间、机车全周转时间等指标。

航空运输中的工作率指标包括平均每机飞行小时、飞机利用率、平均每机日生产飞行小时。

(二)行程利用指标

行程利用指标在公路运输和铁路运输中运用得比较普遍，以下分别对两种运输方式在行程利用指标下的子指标进行介绍。

1. 公路运输

总车千米，也叫作总行程，是指车辆在实际工作中所行驶的总里程数，单位为千米。

里程利用率，也叫作行程利用率，是指重车千米在总车千米中所占的比例。

2. 铁路运输

铁路运输中的行程利用指标主要包含六个子指标，分别如下：

(1)车辆走行千米，是指车辆在不同状态下所行走的千米数，它是根据司机报单记载的列车在运行中所发生的车辆千米数汇总计算。

(2)空车走行率，简称空率，是指空车走行千米对重车走行千米或运用车走行千米的比率，一般按百分比表示。

(3)机车走行千米是指机车运行的千米数，每一台机车运行一千米即为一机车千米。

(4)货车平均全周转距离，简称全周距，是指货车在一次周转中平均运行的距离，分为全路周转距离和铁路(分局)周转距离。

(5)货车平均中转距离，简称中距，是指货车每中转一次平均行走的距离。

(6)机车平均周转距离，是指在一定时期内机车每周转一次平均走行的千米数，单位为千米/台次。

(三)速度利用指标

速度利用指标一般包括技术速度指标、营运速度、运送速度、平均车日行程和平均日车千米。

(1)技术速度指标在公路和铁路运输中使用，是指汽车或铁路机车(列车)在纯运行时间内平均每小时所行驶的里程，单位为千米/小时。

(2)营运速度是指运输工具在运行(航行、飞行)时间内，平均每小时的行程里程，单位为千米/小时，等于总行程和运行(航行、飞行)时间之比。

(3)运送速度，主要用于公路运输和铁路运输之中，是指运输工具在客货运送时间内的平均速度，用以表示客货运送的快慢。

(4)平均车日行程是指汽车车辆在报告期内平均每一个工作车日所行驶的里程，计算单位为“千米/车日”。该指标是以车日为时间单位计算的。

(5)平均日车千米又称货车日车千米，是指每一运用货车每日平均走行千米数，计算单位为“千米/台日”。

(四)载重能力利用指标

载重能力利用指标包括平均静载重、静载重(量)利用率、平均动载重(量)等指标。

1. 平均静载重

平均静载重也称为平均静载量，是指运输工具在静止状态下平均每辆运输工具所装载货物的数量。该指标在公路和铁路中常用。

2. 静载重（量）利用率

静载重(量)利用率在公路运输中称为静载量利用率、静载量利用系数；在铁路运输中称为货车载重力利用率；在水路中称为发航负载率；在航空运输中称为航站始发载运比率。虽然称呼存在差异，但是它们都是指运输工具的实际载运量(发运量)与运输工具的额定(标记)载运能力之比，或者运输工具平均静载重与平均额定(标记)载运能力之比。

3. 平均动载重（量）

平均动载重(量)是指运输工具在运行状态下，平均每一运输工具所完成的货物运输吨千米。它是以运输工具运输距离为权重的平均静载重(量)的加权平均数。

(五)动力(牵引)能力利用指标

在公路运输中采用拖运率指标以表明汽车动力利用程度，在铁路运输中采用列车平均总量、列车平均载重、列车平均编成数、机车辅助走行率、单机走行率、重联机车走行率。

1. 拖运率

拖运率是指汽车挂车完成的周转量占汽车主车、挂车完成的换算周转量之和的比例。

2. 列车平均总量

列车平均总量也叫作机车平均牵引总量，它是指一定时期内每一列车的平均总重量，即每一台本务机车平均牵引的总重吨数。

3. 列车平均载重

列车平均载重也称为机车平均牵引载重，它是指一定时期内每一列车的平均载重量，即一台本务机车平均牵引的货物吨数。

4. 列车平均编成数

列车平均编成数也称为列车平均组成辆数，它原来指的是平均每一本务机车走行千米所产生的车辆千米数，通常视为每一列车平均组成的车辆数。

5. 机车辅助走行率

机车辅助走行率也称为机车辅助工作率，是指在一定时期内机车辅助走行千米占机车总走行千米(或本务机车走行千米)的比例，以反映机车完成的辅助工作情况。

6. 单机走行率

单机走行率简称单机率，是指在一定时期内单机走行千米占本务机车走行千米的比例，以反映机车牵引能力利用程度的指标。

7. 重联机车走行率

重联机车走行率简称重联率，是指在一定时期内重联机车走行千米占本务机车走行千米的比例，是反映机车牵引能力利用程度的指标。

第十八章　交通运输调度管理

第一节　交通运输调度管理概述

一、调度管理的概念

运输调度就是运输企业调度部门为了保证运输作业计划实现而进行的一系列检查和督促、联系和协调、指挥和部署等工作的总称。运输企业的调度机构一方面要安排本企业的运输设备合理运行,即根据运输生产计划制订作业计划,并具体根据各个部门职能协调各个部门工作;另一方面调度机构要与交通管制机构进行密切的协作与配合才能使整个交通有序进行。

二、调度工作的作用

调度工作的主要作用是根据运输生产计划,对运输生产经营活动进行连续的组织、指挥、衔接、协调和平衡,在安全优质的基础上保证生产作业计划的完成。

就运输企业而言,其生产活动是围绕着运输工具的运行而进行的,为了完成计划规定的运输任务,运输企业在实现整个运输生产的活动中,必须进行一系列的运输日常工作组织,其中最核心的部分就是调度工作。就港站企业而言,其生产活动是以港站的运输工具和货物为中心,以昼夜生产作业计划为依据,把生产中的各部门、各环节有机地联系起来,进行有节奏的连续生产。

三、调度工作的内容

具体而言,它的工作任务包括四个方面:

(1)组织与计划运输生产;

(2)监督港站作业以保证安全运行;

(3)及时协调各环节作业;

(4)统计分析业务活动。

以上调度工作内容的四大部分之间的关系如图 18-1 所示。

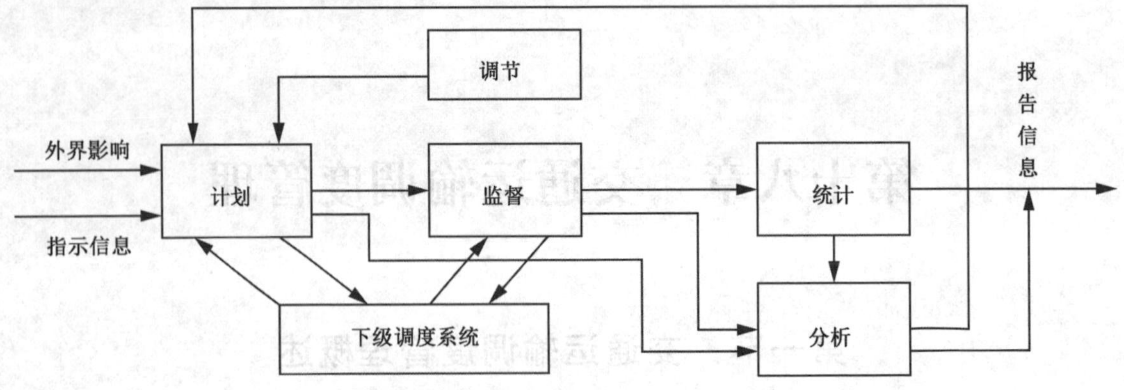

图 18-1　调度工作内容及其相互关系

四、调度工作的基本要求

调度工作的要求有以下几个方面：

(1)政策性；

(2)预见性；

(3)计划性；

(4)机动性；

(5)集中性；

(6)及时性；

(7)经常性；

(8)全面性。

第二节　交通运输调度管理机构

一、调度管理的基本制度

为了保证调度工作及时、准确、无误，并充分发挥组织、指挥生产，检查、调节、控制生产的职能作用，各级调度机构都应建立健全工作制度。运输企业调度管理的基本制度包括以下方面：

(1)值班制度；

(2)会议制度；

(3)调度汇报制度；

(4)调度日志；

(5)调度通信规程；

(6)调度工作规程；

(7)调度命令；

(8)调度统计与分析。

二、调度管理体制

各种运输方式下的调度工作均实行分级管理制度。各级调度机构都必须在上级调度的统一指挥下进行工作。

(一)水路运输

我国目前水路运输管理机构主要分四级:国家交通部、省级交通厅、市级交通局和县级交通主管单位,行使水路运输行政管理权。

各港航企业设置的调度部门为企业级调度。运输企业调度机构的设置应与港航企业管理机构设置相一致。大型港口企业一般采用两级调度制,即局和公司两级制度体制;中小型港航企业一般采用一级调度制。

(二)公路运输

一般大型道路运输企业采用三级调度管理体制,即运输公司设一级调度机构,其总调度室是道路运输公司的最高指挥机构,负责各分公司、中心站的运力、运量平衡和运输安排;各分公司或中心站设二级调度机构,主要负责执行公司平衡会议决议,综合分公司或中心站的运力平衡;各站、车队设三级调度机构。

中小型道路运输企业,则多采用两级调度管理体制。对于货源较集中的大型厂矿企业和港站、仓库,可设置现场调度组(员)。

(三)铁路运输

我国铁路系统实行交通运输部、国家铁路局、地方铁路监督管理局三级监督管理体制。中国铁路总公司代替原铁道部企业职责。

国家铁路局由交通运输部直接管理;地方铁路监督管理局负责监督管理铁路运输安全、质量和安全事故,统计并分析铁路运输各项指标参数等。

(四)航空运输

我国航空运输调度系统实行中国民用航空局,地区管理局,省(直辖市、自治区)管理和航空站四级管理体制。一般大的航空公司在公司总部所在机场设立总飞行调度室(签派室),在地区和主要业务机场设立地区签派室或机场签派室。总签派室负责整个航空公司的签派工作,地区和机场签派室负责管理各自区域的签派工作。

三、调度工作人员及分工

不同运输方式下调度人员的构成与称谓有所不同。

(一)业务计划人员

业务计划人员是运输生产的具体组织者和策划者,其主要职责是论证运输工具运行或组织装卸搬运机械的最优方案,编制生产作业计划(调度计划),经常与有关港站、相关部门联系,掌握生产进度,了解生产中各方面的情况。

(二)值班调度人员

值班调度人员负责昼夜不间断地监督载运机具按计划执行的情况,贯彻调度会议的有关决议和上级指示,及时收发有关的通信信息,全面掌握载运机具动态及事故的预防和处理,填写各种调度文件等。

(三)业务核算与分析人员

业务核算与分析人员负责运输生产的快速统计,逐日统计客货及重点物资的运出量、完成量和周转量等,并定时向上级报告计划的执行情况。

第三节　交通运输生产作业计划及其调整

一、生产作业计划概述

生产作业计划是运输生产计划的延续,它是有计划地、均衡地组织企业日常运输生产活动,建立正常运输生产秩序的重要手段。

生产作业计划的重要任务:一方面,把企业运输工具、场站以及有关职能科室有机的组织起来,协调一致地展开工作;另一方面,力求不断提高运输效率,保证企业按时均衡地完成运输任务,全面地完成各项技术经济指标。

二、作业计划的种类

(一)公路运输企业

公路运输企业车辆运行作业计划有不同的形式,可以分为几个类型:

(1)长期运行作业计划;

(2)短期运行作业计划;

(3)日运行作业计划;

(4)运次运行作业计划。

(二)水路运输企业

水路运输企业航船作业计划包括船舶旬度作业计划和船舶日作业计划。船舶旬度作业计划是对旬度货流计划和旬度船舶运行组织进行细致具体安排;船舶日作业计划是根据船舶动态,明确到发港的船名、到港时间、载货量、货物种类等信息,并将上述信息通知相关的目的港或者始发港。

(三)铁路运输企业

铁路运输企业作业计划是包括调度部门所编制的运输工作旬、日、班计划和车站编制的车站作业计划两部分在内的铁路日常工作计划。运输工作旬、日、班计划内容包括该时期内的装卸车计划、车辆交接、列车计划,是有关部门完成运输任务的依据。

三、生产作业计划的调整

(一)生产作业计划调整的概念

因为运输生产所处的环境复杂,影响因素多且常常变化,已经编制好的货运生产作业计划在执行过程中,可能会随着环境的变化或者相关条件的变更使得计划不适于当前的生产过程或者执行计划已经不合理,需要对原先的计划进行及时的变更,这样的变更就叫作生产作业计划的调整。

(二)生产作业计划调整分类

(1)预防性调整。

(2)应变性调整。

四、生产作业计划调整的原则

为了保证各种运输工具的合理分布和运输线路的相对稳定,生产作业计划的调整工作必须依据一定的原则。一般情况下,可以遵循以下几个基本的原则:

(1)宁打乱少数计划,不打乱多数计划。

(2)宁打乱局部计划,不打乱整体计划。

(3)宁打乱次要环节,不打乱主要环节。

(4)宁打乱当日计划,不打乱日后计划。

(5)宁打乱小吨位载运工具计划,不打乱大吨位载运工具计划。

(6)宁打可缓运货物运输计划,不打乱急运货物的计划。

(7)宁打乱整车货物运输计划,不打乱零担货物运输计划。

(8)宁打乱货物运输计划,不打乱旅客运输计划。

(9)宁打乱长途计划,不打乱短途计划。

(10)宁使本企业工作受影响,不使社会生产、生活受影响。

五、生产作业计划调整的内容及方法

生产作业计划的调整对象包括载运工具、港站、货物三个方面。调整内容和方法多种多样,主要可概括为载运工具在港站作业额调整、运行作业调整和在港站密度调整。本书以海上货物运输为例,对生产作业计划调整的方法做简单介绍。

(1)当船舶上一个航次没有能按照计划时间完成时,为了使下一个航次能按计划进行,要采取相关的有效措施。比如:

①集中装卸机械和人力,组织多路作业。

②合并某些作业环节。

③调换货种。

④对驳船队请港口协助编队,缩短编队时间。

(2)有时出现货源中断或者机械故障,或者因为天气或者港口条件原因使船舶不能按计划作业时,需要进行计划调整方案的变更,一般有两种方案:

①船舶等待装(卸)货,满载(卸空)后开航。

②船舶未达到满载(空载)条件就立即开航。

(3)船舶运行作业调整。

如果船舶或拖(推)船已经因为某些原因而延误,一般采用提高船舶或者船队的航速,变更拖(推)船地点,在航行中加减驳船、另派拖(推)船至途中接送驳船等方法进行调整。

(4)船舶在港密度调整。

控制船舶在港密度也是船舶作业调整工作的重要内容。调整船舶在港密度的方法有:

①提高船舶(船队)航速,一般可以适当提高或降低船舶(船队)航速来缩短或延长船舶在途运输时间,从而减少或者延长航次时间。

②变更拖(推)地点,改变船舶靠泊、装卸的地点,从而改变船舶作业的条件。

③在航行中加减驳船、另派拖(推)船至途中接送驳船等。

以上提到的调整办法,有时只需采取一种方法即可使计划恢复正常,有时要同时采用几种方法,这些方法需要企业各部门和港站企业的配合。这些方法一般只能适应于局部线路,需要我们运用通信技术、计算机、互联网等现代技术和调度控制中心进行紧密协作,及时进行信息反馈和指令发布。

第六篇

物流工程

第十九章　物流工程与物流网络

第一节　物流工程含义及研究内容

一、物流工程的含义

物流工程也叫作物流系统工程，是组织、协调物流系统内部各要素的活动，使各要素为实现整体目标发挥适当作用。物流工程的目的是实现物流系统整体目标最优化。物流的理论和技术应用范围相当广泛，它可以用于物流系统布局规划、物流设施规划设计、商贸系统规划管理、建设项目选址等，也可用于制造企业的物流系统规划、设计、管理与控制。

二、物流工程的特点

物流工程是一门现代化的组织管理技术，是特殊的工程技术。物流工程具有下列一些特点：

(1)整体性(系统性)。

(2)关联性(协调性)。

(3)综合性(交叉性)。

(4)满意性(最优化)。

三、物流工程研究内容

物流工程主要解决物流系统规划与设计及物流系统的管理与控制这两类基本问题。

(一)物流系统规划与设计

物流系统规划是一项庞大而复杂的网络规划，是对物流赖以活动的地域范围内的物流做全面的系统规划，涉及交通邮电、金融贸易、商业服务、工业等不同行业和部分以及相关政府部门。通过对物流设施、物流信息等进行合理规划，提高整个物流系统的物流活动效率。物流系统规划的主要内容为：

1. 物流系统环境分析

把握物流系统的环境要求，一般要进行系统环境对系统的需求预测。物流需求分析与预测的目的在于为社会物流活动提供物流能力，作为供给不断满足物流需求的依据，以保证物流服务的供给与需求之间保持相对的平衡,使物流活动保持较高的效率与效益。物流需求分析与预测是物流能力供给的基础,借助于定性和定量的分析手段,了解社会经济活动对物流能力供给的需求强度,进行有效的需求管理,引导社会投资有目的地进入物流服务领域,将有利于现代物流系统的合理规划、建设物流基础设施、改进物流供给系统。

2. 物流基础设施规划

基础设施规划是物流系统规划的关键,是一个在现有基础设施的基础上调整完善的过程。基础设施规划包含两个方面:一是,物流节点的规划,包括定位、功能和规模;二是,物流网路的规划,根据保证物流节点对外联系条件的要求,进行相关交通基础设施规划,以及满足准时、快速、多样化的货运配送道路体系的要求。

3. 物流系统信息规划

现代物流的一个显著特点是以信息技术为代表的高新技术的应用,利用信息技术来整合系统资源,通过构建物流信息平台为物流活动提供支撑。中国物流企业与国外的差距也在相当大的程度上表现在信息技术的使用方面。物流领域的信息技术涉及多个领域的信息共享,参与者分属不同行政管理体制,需要在已有信息系统的基础上进行系统集成。物流信息系统是跨行业的综合性很强的专业系统信息工程,涉及方方面面和各行各业的切身利益。因此,首先需要政府有关职能部门进行强有力的组织协调工作,以推动物流公用信息平台的建设和实施。

(二)物流系统的管理与控制

在给定的物流设施布点的条件下,根据物流运输、储存、装卸搬运、包装、加工、配送、信息服务等各项要求,采用各种管理办法、手段和工具,对物流系统实施有效的管理和控制,以达到规划设计提出的系统目标,一般包括以下主要研究内容:

(1)运载工具、运输方式及运输路径选择。

(2)系统库存控制与协调管理。

(3)运输与配送车辆调度管理。

(4)全程信息跟踪与信息服务。

(5)物流服务质量监控管理。

第二节　物流网络

一、物流网络构造

全部物流活动是在线路和节点上进行的。其中,在线路上进行的活动主要是运输,包括:集货运输、干线运输、配送运输等。物流功能要素中的其他所有功能要素,如包装、装卸、保管、分货、配货、流通加工等,都是在节点上完成的。所以从这个意义上讲,物流节点是物流系统中非常重要的部分。实际上,物流线路上的活动也是靠节点组织和联系的,如果离开了节点,物流线路上的运动必然陷入瘫痪。

1. 物流线路

广义的物流线路指所有可以行驶和航行的陆上、水上、空中线路，狭义指已经开辟的可以按规定进行物流运营的线路和航线。

(1) 铁路线路。

(2) 公路线路。

(3) 海运线路。

(4) 空运线路。

2. 物流节点

现代物流网络中的节点对优化整个物流网络起着重要作用，从发展来看，它不仅执行一般的物流职能，而且越来越多地执行指挥调度、信息等神经中枢的职能，是整个物流网络的灵魂所在，因而在有的场合称为物流据点，对于特别是执行中枢功能的又称为物流中枢或物流枢纽。

(1) 铁路运输领域：货运站、专用线货站、货场、转运站、编组站等。

(2) 公路运输领域：货场、车站、转运站、枢纽等。

(3) 航空运输领域：货运机场、航空港等。

(4) 水路运输领域：海港、河港、码头等。

(5) 商贸领域：流通仓库、储备仓库、转运仓库、配送中心、分货中心等。

3. 物流节点的功能

(1) 衔接功能。

(2) 信息功能。

(3) 管理功能。

二、物流节点的种类

现代物流发展了若干类型的物流节点，在不同领域起着不同的作用，按节点的主要功能可以分类如下：

(1) 转运型节点；

(2) 储存型节点；

(3) 流通型节点；

(4) 综合性节点。

第二十章 物流系统规划与设计

物流系统是一个社会经济大系统，只有科学地、合理地、统一地安排和规划，才能实现该系统的良性运行，从而降低系统的物流成本、提高物流服务功效。因此，在改造或构建物流系统时，必须从系统整体的视角规划整个物流系统。此外，物流系统规划的主体不同，其内容、方法也不能完全相同，要具体问题具体分析、因地制宜、因时制宜。

第一节 物流系统规划概述

物流系统规划必须从系统的目标出发，研究其布局、设施、信息、环境、政策等方面的可行性，制定出一个系统总体构想。

物流系统规划源自物流本身的特殊性和复杂性，这是因为：

第一，物流的涉及面非常广泛，需要有各方共同遵循的规划。

第二，物流过程本身存在“背反”现象，需要有规划地协调。

第三，物流领域容易出现更严重的低水平的重复建设现象，需要有规划地制约。

第四，物流领域的建设投资，尤其是基础建设的投资规模巨大，需要有规划地引导。

第五，就生产企业而言，随着技术水平的提高和内部管理的加强，企业在可控的生产领域内降低成本的空间越来越小，而在生产领域以外的采购、运输、仓储、包装、代理、配送等环节上却大有潜力，这就必须对企业的整个流程从物流角度进行“再造”，对整个企业物流系统进行新的构筑。

一、物流系统规划的层次

物流活动遍及整个社会经济领域。物流系统集信息流、商流、资金流、物流于一体，涉及上百个具体的行业，互相之间差别甚远，难以集成为一体；物流覆盖面广、动态性强、地域性强，很多重要的物流网络、节点、线路不可能集中到一起，这都要求有层次地进行物流系统的规划（如图 20-1 所示）。

（一）国内物流规划

国家级的物流规划应当着重于以物流基础设施和物流基础网络为内容的物流基础平台规划，并与国家基础设施建设的总体目标相吻合。尤其值得注意的是，要尽可能地摒弃部门各自为政的弊端，从构建现代物流综合体系的角度全面、合理规划，包括不同线路合理布局以及使网络发挥更大效用的综合物流节点，以及相应的综合信息网络。

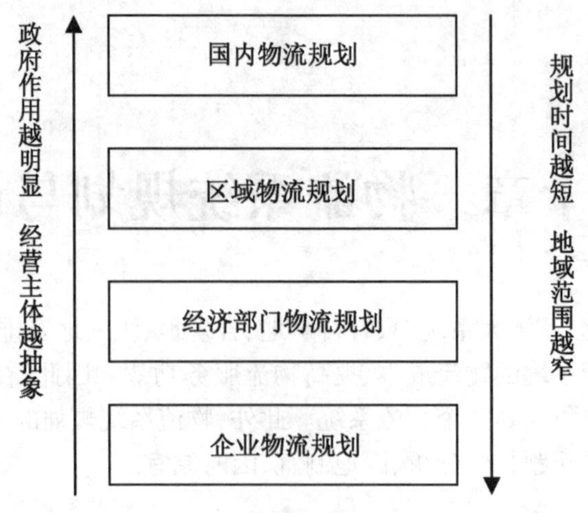

图 20-1 物流规划的层次

(二)区域物流规划

区域物流规划着重于地区物流基地、物流中心、配送中心三个层次的物流节点以及综合的物流园区规模和布局的规划。

(三)经济部门物流规划

在物流基础平台之上,将有大量的企业和经济事业单位进行运作,供应、分销、配送、供应链、连锁经营等等,要使这些运作做到合理化和协调发展,需要有规划地指导,例如重要企业、重要产品的供应链规划、现代物流及配送支持的分销及连锁规划等。

(四)企业物流规划

生产企业,尤其是大型生产企业,从"营销支持"和"流程再造"角度进行物流系统的规划,会有效地提高企业的素质,增强企业的运营能力。

二、物流系统规划程序

规划是物流系统优良运行的前提,一般按照下面的程序进行规划:

1. 分析物流系统的范围和外部环境

2. 确定物流系统的目标和任务

一般物流系统的目标任务包括:

(1)该物流系统的规模大小和发展增长的要求。

(2)该物流系统的信息化程度要求,如货物的实时跟踪。

(3)适应各种变化的柔性度的要求。

(4)对突然情况、意外情况及时响应,维持正常运作的要求。

(5)对物流过程中各个过程,如运输方式、存储条件、有无货物的分类、包装加工的要求等。

3. 提出各种可供选择的规划方案

根据物流系统规划层次的不同,设计具体方案要做好以下事项:

(1)收集物流系统的原始数据。

(2)明确方案中的可控变量和不可控因素。

4. 评价物流规划方案优劣

物流系统规划本身就存在择优而用的问题,对物流系统规划的评价是不可缺少的一步。为了对各种可行的方案做出客观公正的评价,应该在提出任何方案之前就制定出评价的标准,通常评价标准包括:

(1)经济性;

(2)可靠性;

(3)可维护性;

(4)灵活性或柔性;

(5)可扩展性;

(6)环境保护;

(7)敏感性。

5. 方案比较评价,确定最终方案

这一过程是方案的逐步优化过程,按确定的具体评价标准逐一进行评价,排列出各个方案的评价次序,确定最终选择方案。

上述的过程在规划中不是固定不变的,甚至可能在最终方案的设计中否定前面的决定,需要再次进行重新评价和重新规划,这是一个反复的过程。

第二节 区域物流系统规划

区域物流运作机制与企业物流机制有质的差别,区域物流一般用于更广的范围,区域物流是全国乃至国际物流系统的重要组成部分,它侧重于城乡之间、城市之间和城市内部、各类开发区以及各个企业之间的从供应者(所在地点)到需求者(所在地点)的物品(原材料、半成品、制成品等)的运输与集散一体化过程。

一、区域物流系统及其构成

(一)区域物流系统

区域物流系统是指在一定的时间和区域内,由需要位移的物资、包装设备、装卸搬运机械、运输工具、仓储设施、人员和通信联系等多个相互制约的动态要素所构成的具有特定功能的有机整体。区域物流系统的目标是在保证社会再生产顺利进行的前提条件下,实现物资的空间效益、时间效益,以及各种物流环节的合理衔接,最大限度地发挥本地区的物流设施的能力,促进本地区经济的发展。

区域物流系统的载体是一个包括诸多因素的复杂网络体系。其建设需要从以下三个方面进行统筹规划:①基础设施类;②设备类;③标准类。

(二)区域物流系统的构成

区域物流系统的构成可以归纳为三大服务领域、两个基础平台、一个企业集群、一个产业宏观发展政策环境。

1. 区域物流三大服务领域：国际物流、区域物流、城市物流

2. 区域物流两大基础平台——物流基础设施平台与物流信息平台

(1)物流基础设施平台。

物流基础设施平台的构成包括:①物流园区;②货运通道;③外部交通设施(含港口、机场、铁路);④配送道路体系。

(2)物流信息平台。

物流基础信息平台不同于物流信息系统,它的任务是为企业的物流信息系统提供基础信息服务(交通状态信息、交通组织与管理信息、城市商务及经济地理信息等),承担供应链管理过程中不同企业间的信息交换枢纽支持,提供车辆跟踪、定位等共享功能服务,提供政府行业管理决策支持等。

3. 一个企业群体(构成区域物流系统主体的企业网络群体)

区域物流是由具有不同核心业务能力的企业群体所构成的网络集群,企业网络集群包括具有综合物流能力的第三方物流服务商,具有综合运输管理能力的多式联运服务商,提供多样化服务的货运代理,提供准时、快速服务的配送服务商,具有先进运输管理能力的承运人企业等。

4. 产业宏观发展政策环境

它包括适应行业阶段性发展需要的政策环境和政府部门的协同工作机制。由国外物流政策演变过程可以看到,政策环境具有阶段性特点。

三大服务体系通过基础设施平台、信息服务平台和企业间的战略协同构成有机整体。

(三)区域物流规划的作用

(1)区域物流规划有利于物流资源的整合。

(2)区域物流系统规划,为物流市场主体的培育提供了基础条件。

(3)区域物流系统规划,是在为区域经济的进一步增长筑巢、导航。

(4)区域物流系统规划,将带来环境的改善。

二、区域物流系统规划内容

区域物流系统是区域经济的支撑子系统,所以规划时必须考察该区域的经济总量、规模,包括:进口总量、国内生产总值、融资渠道、信息平台、区域对外吸引程度(包括各种政策措施)、与国际接轨的程度、人才等方面的因素。区域物流系统规划的内容(如图 20-2 所示)可概括为以下几个方面:

(1)区域物流发展现状及未来环境分析。

(2)区域物流系统空间布局规划。

(3)区域物流系统硬件规划。

(4)区域物流系统软件规划。

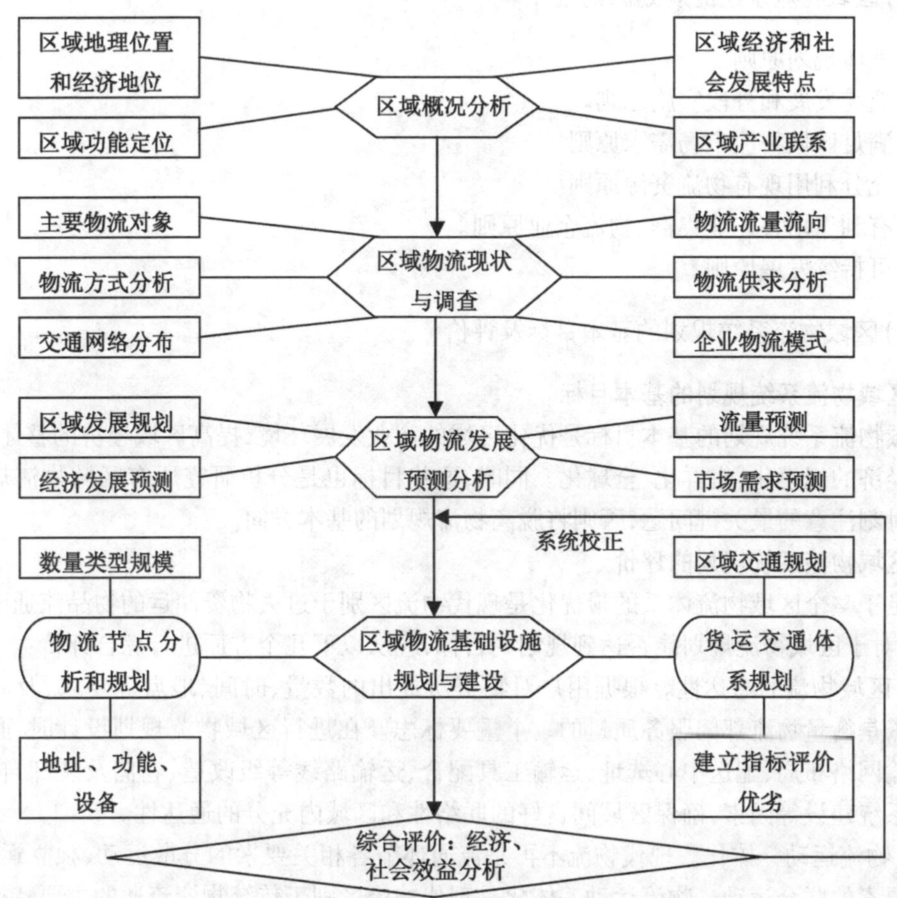

图 20-2 物流基础设施规划流程

三、区域物流系统规划原则与评价

区域物流系统的规划应按"经济区域"进行,这样既适应了生产力的发展,体现了自然资源禀赋状况,也体现了物流系统的完整性和开放性。所谓完整性,是指物流中心提供了经济区域内各个部门的相互联系,经济区域的内聚力一定程度上靠区域物流系统得以维系。开放性是指物流中心不断从外界获得商品和信息,同时又向外界传递商品和信息,以维持经济区域内以及不同经济区域间的相互联系。

观察我国商品流通的实践可以发现,区域流通现象已逐渐显现,如上海经济区(长江三角洲)、广东经济区(珠江三角洲)、环渤海地区和闽南三角洲等,这些区域流通市场可以使各区域获取、享受分工和流通比较利益,促进了产业、技术在区域间的转移。

(一)区域物流系统的规划原则

(1)整体规划原则。

(2)超前发展和分段实施原则。

(3)满足区域物流市场需求原则。

(4)充分利用现有物流资源原则。

(5)有利于培育产业集群、物流企业原则。

(6)可持续发展原则。

(二)区域物流系统规划的基本目标及评价

1. 区域物流系统规划的基本目标

区域物流系统规划的基本目标是优化区域的产业发展环境,提高区域经济的整体效益,实现区域经济的规模化、集群化、全球化。同时,这些目标也是分析研究所有区域物流规划问题时需要时刻注意的最关键问题,否则将脱离物流规划的基本方向。

2. 区域物流系统规划的评价

立足于整个区域物流体系的最优化是现代物流区别于过去物资储运的物品流通阶段的最大特点,对于区域物流规划能否达到规划的目标,应从以下几个方面进行综合评价:

(1)区域物流的通达性。根据用户对物资所提出的数量、时间、地点等要求,及时运输和配送物资是衡量物流部门服务质量的一个重要标志。在进行区域物流规划设计时,必须充分考虑运输网络布局、配送中心选址、运输工具配合、运输路线等级改造、仓储及装卸自动化、物流信息系统建设等因素,确保区域间良好的联络性和区域内充分的通达性。

(2)物流运动一体化。现代物流不再是流通环节各相关要素的分散运动、独立运输,而是各相关要素的联合运动。物流运动一体化是现代物流区别于传统物资流通的主要特征。现代物流将过去相对独立的运输、装卸、仓储、包装、流通加工、配送等环节有机地联系起来,强调整体的最优化。区域物流系统的评价应以切实有利于物流运动一体化的实现为准则。

(3)物流信息的电子化、互联网化。构筑完备的区域物流系统,应以运用移动通信、车辆跟踪定位、计算机在线经营管理系统和国际互联网、公用经济信息网、企业内联网等在内的计算机网络技术为基础,建立区域计算机物流信息网络体系和 EDI 系统,以实现物流信息共享和商流、物流、信息流集成化应用的目标。

(4)网络运行的高效化。物流属于经济活动的范畴,物流部门都有自己的经营目标,因此,无论是专门从事物流经营的物流企业,还是生产企业,都要在完成物流任务的前提下,希望投入的越少越好。这就是说,在区域物流系统构建时,必须把提升物流服务质量,缩短货物流通时间,减少在途物流仓储积压量,提高物流经济效益的目标放在首位。

区域物流系统的构筑是为现代物流发展服务的。从基础设施项目来看,交通运输体系(包含了大部分物流设施要素)、物流仓储系统、物流信息交换以及传输网络建设的完善程度、整体效能优化与是否存在局部环节的“瓶颈”效应对一个国家或区域物资流通的快捷性有着重要的影响。从物流设施、设备的标准化和现代化来看,完善的区域物流系统应有利于物流各个环节的衔接性,有利于企业,尤其是专业从事物流经营的第三方物流企业的组建和健康发展,有利于现阶段我国现有的物资流通行业内从事流通渠道经营的经济组织的重新整合。

第三节 物流中心的规划

区域物流系统是由物流中心和连接物流中心的线路构成的网络,其规划的落实就是建立这一网络,核心就是物流中心的规划、设计和运营。在区域物流系统中,物流中心的建立是为了有效地利用空间、设备、人员和能源;最大限度地减少物料搬运;简化作业流程;缩短生产周期;力求投资最低;为物流作业人员提供方便、舒适、安全和卫生的工作环境。

一、物流中心的种类及其功能

(一)物流中心概述

物流中心是政府从区域总体发展战略出发,为解决区域功能紊乱,缓解区域交通拥挤,减轻环境压力,顺应物流业发展趋势,以获得规模效益,降低物流成本,实现货畅其流的重要设施。

2007 年 5 月 1 日实施的中华人民共和国国家标准《物流术语》定义物流中心为:从事物流活动且具有完善信息网络的场所或组织,应基本符合下列要求:主要面向社会提供公共物流服务;物流功能健全;集聚辐射范围大;存储、吞吐能力强;对下游配送中心客户提供物流服务。根据这一定义,可知物流中心是区域物流系统中占重要地位的、具有较完整物流环节,并能将物流集散、信息和控制等功能实现一体化运作的物流节点。

(二)物流中心的类型

结合物流中心分布的地理位置及经济环境特征,不同类型的物流中心在物流系统中的主要功能或侧重点亦有所差别。根据物流中心的功能分类,可将物流中心分为以下几类:

(1)集货中心;
(2)送货中心;
(3)转运中心;
(4)加工中心;
(5)配送中心;
(6)物资中心。

(三)物流中心的功能

物流中心集运输、仓储、装卸搬运、包装、流通加工、物流信息处理等为一体,但这并不是说所有的物流中心都必须具备这些功能,或者不能有其他的功能。事实上,一个物流中心应该有其核心功能,并且物流中心的功能应该根据情况向上、向下进行延伸,在实际设计中最为关键的是要确定如何根据情况向上、向下延伸及延伸的范围。一些发达国家的物流中心,还具有增值性功能:结算、需求预测、物流系统设计咨询、物流教育与培训等。物流功能的绝大部分作业可以在物流中心或以物流中心为基地的延伸服务过程中完成。所以,物流中心应当在区域物流系统中,有效地履行货物集散中心、物流信息中心、物流控制中心的全部功能。

1. **货物集散中心**

货物集散中心是物流系统中物流网络体系中的节点,是物流基本功能充分表现的场所。实现普通货物集散的基本物流作业过程,需要相应的物流基础设施、设备。涉及集装箱多式联运、特种货物运输等的物流作业还应有集装箱堆场、拆箱等作业场地,特种货物仓库,专用起重设备等。处在这一功能层次物流中心的核心功能是货物集散,可以采用人工作业方式或简单的管理设备完成现场货物集散物流信息处理和物流运行与控制作业。

2. **物流信息中心**

物流信息中心是物流系统的中枢神经,是沟通物流网络体系运行的血脉,也是进行物流过程调控的前提与基础。物流信息中心可以相对独立于货物集散中心,即不必有货物集散的现场作业条件,但必须完整地实现这一层次功能,物流信息中心应能够作为联结物流作业现场(包括运输与配送作业中的车辆)与中枢指挥功能的基地,除了一般信息作业手段外,还需要相应的电子数据加工处理设备,包括:

(1)通信联络系统:固定通信和移动通信设施、设备,电子计算机及外围设备,以及处在发展中的多媒体传输设备等,可以播发各种物流信息。

(2)计算机网络系统:建立企业内联网,并与国际互联网或其他相关网络,如国家经济信息网连接,建立物流信息管理系统。

(3)车载通信系统:运行中的车辆能与中心的计算机网络相联系,物流中心能直接进行车辆调度及相关物流作业。这一层次功能的核心内容是信息咨询、配载服务、车辆调度等。具有相应硬件的物流中心,可以迅速采集、整理、处理有关数据,其中软件开发与应用是关键,它关系到物流信息中心实际功能的发挥。

3. **物流控制中心**

物流控制中心是使物流各项功能有效协同起来运行的指挥调度和掌握全局服务项目、业务量、服务质量、货物动向、车辆状态、运营成本等的控制机构。物流控制中心是位于货物集散中心、物流信息中心功能之上的最重要的决策智能结构层。物流控制中心能使整个物流过程衔接起来,形成动态管理的企业、区域、全国或国际物流网络体系。

物流中心的功能的发挥更需要的是充满活力的、能够形成物流网络化经营的组织及运行机制,它将物流系统的硬件设施和软件的组织设计最佳地组合,达到预期物流流量控制、物流过程控制和物流成本控制的总目标。

在这三层次功能中,物流信息中心是最重要而又赋有特殊作用的系统,它可以形成相对独立的系统;也可以与货物集散中心综合集成;也可以与物流控制中心功能实现综合集成,与部分控制中心功能的综合集成的范围可以遍及全球。物流控制中心必须与物流信息中心实现功能综合集成,否则,控制中心的功能是无法充分实现的。

事实上,完整意义上的物流中心应当是能够将货物集散中心、物流信息中心和物流控制中心各层功能有机结合起来,形成多项物流功能、技术等综合集成的组织管理体系(如图 20-3 所示)。

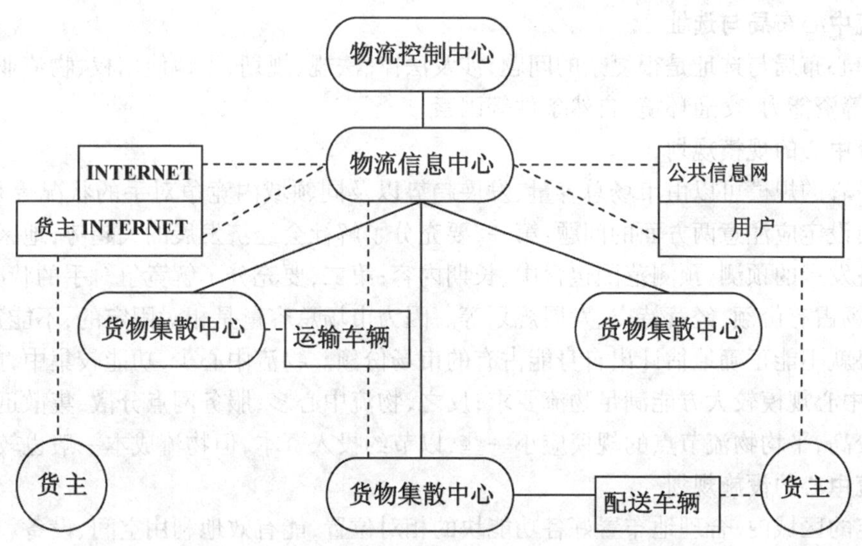

图 20-3 物流信息中心与物流控制中心功能示意图

二、物流中心的规划原则

物流中心是服务于区域物流的，而物流过程又与区域资源分布、经济地理、工业布局、运输网络等密切相关。由于中国地域经济发展很不平衡，因此，政府及主管部门、第三方物流经营者必须根据各地区的社会经济特点，确定物流中心建设与完善的规划方案，找到实现一定范围物流合理化的途径与方式。

物流中心规划设计的原则：

(1) 动态原则；

(2) 竞争原则；

(3) 低运费原则；

(4) 交通原则；

(5) 统筹原则。

三、物流中心规划的内容

物流中心是物流网络中的节点，更多地体现为道路运输系统的基础结构，也是不同运输方式选择决策的抉择点和协作、协调的结合部。在区域经济体系中，尽管区域物流的基础设施建设规划是由政府主管部门指导、组织制定的，但物流中心基础设施的规划主体与筹、融资渠道，以及建设、运作方式密切相关。目前投资主体向多元化方向发展，民营企业已经成为投资主体之一，此外，还涉及外国资本投入物流基础建设的方式。物流中心规划的内容：

1. 物流中心布局与选址

物流中心布局与选址是很复杂的问题，涉及法律、法规、规划、土地使用权、物流业务种类、物流设施、筹资能力、交通环境、自然条件等因素。

2. 物流中心的规模规划

物流中心的规模可以由市场总容量、发展趋势以及同领域内竞争对手的状况等几个因素决定。规模设定应注意两方面的问题：第一，要充分了解社会经济发展的大趋势，地区、全国乃至世界经济发展的预测，预测范围包含中、长期内容；第二，要充分了解竞争对手的状况，如：生产能力、市场占有份额、经营特点、发展规划等。因为市场总容量是相对固定的，不能正确地分析竞争形势就不能正确地估计出自身能占有的市场份额。物流中心少，功能较集中，成本一般较低，物流中心规模较大方能满足物流要求；反之，物流中心多，服务网点分散，集散迅速，服务水准一般较高，平均物流节点的规模应小一些，以节约投入资本，但物流成本一般也较高。

3. 物流中心的设施规划

在预定的区域内，合理地布置好各功能块的相对位置，能有效地利用空间、设备、人员和能源；最大限度地减少物料搬运；简化作业流程；缩短生产周期；力求投资最低；为职工提供方便、舒适、安全和卫生的工作环境。设施规划应根据系统的概念、运用系统分析的方法求得整体优化；以流动的观点为出发点，并贯穿于设施规划的始终；减少或消除不必要的作业流程，在时间上缩短作业周期，空间上少占有面积，物料上减少停留、搬运和库存，才能保证投入的资金最少、生产成本最低；作业地点的设计，实际是人－机－环境的综合设计，要考虑创造一个良好、舒适的工作环境。

物流中心的主要活动是货物的集散和进出，在进行设施规划时，环境条件非常重要。相邻的道路交通、站点设置、港口和机场的位置等因素，如何与中心内的道路、物流路线相衔接，形成内外一体、圆滑通畅的物流通道，这一点至关重要。

4. 软硬件设备系统的规划与设计

软硬件设备系统的规划需要合理配备设备，能以较简单的设备、较少的投资，实现预定的功能，也就是强调使用先进的思想、先进的方法。从功能方面来看，设备的机械化、自动化程度不是衡量先进性的最主要因素。

对于我国物流中心的建设，比较一致的认识是贯彻软件先行、硬件适度的原则。也就是计算机管理信息系统、管理与控制软件的开发，要瞄准国际先进水平；而机械设备等硬件设施则要根据我国资金不足、人工费用便宜、空间利用要求不严格等特点，在满足作业要求的前提下，更多选用一些机械化、半机械化的装备。

5. 物流中心的结构规划设计

物流中心虽然是在一般中转仓库基础上演化和发展起来的，但物流中心内部结构和布局与一般仓库有较大的不同。一般物流中心的内部工作区域结构配置包括：接货区、储存区、理货、各货区、分放、配装区、外运发货区、加工区、管理指挥区（办公区）等。

6. 物流中心的组织设计

由于物流中心涉及的功能多、业务复杂，物流中心的组织结构可以采用一体化的组织结构形式，以便统一物流中心的物流功能和运作。该组织结构层次趋势十分清晰，将许多物流计划和运作功能归类于一个权利和责任之下，对所有原材料和制成品的运输、存储等实行战略管理，为指导从原材料采购到顾客发送等财务和人力资源的有效应用提供了一个条理分明的体制结构。该一体化组织含义主要体现为:第一,物流的每一个领域被组合构建成一个独立的直线运作单元;第二,制造支持被定位为运作服务,确定了其共同的服务方向,可在物资配送、包装和采购运作之间进行直接的沟通;第三,物流信息包括了计划和协调运作管理信息的全部潜力;第四,信息和督导在组织的最高层次上,督导功能关注的是对物流系统质量改进和重组负责,物流信息功能的注意力集中在成本和顾客服务绩效的测量上,并为管理决策制定提供信息。

物流中心的规划决定了物流中心各功能模块的合理布局,对物流中心的运营效益和效率等都带来先天性、长远性的影响。因此,物流中心的规划必须实行科学性、先进性、严密性的分析和设计,才能保证布局的基本合理,才能保证物流中心功能的正常发挥,使其能更好地为社会经济建设服务。

第四节 企业物流系统规划

经济全球化推动了企业全球化战略的发展,企业面临着缩短交货期、提高产品质量、降低成本和改进服务水平的压力,所有这些都要求企业对不断变化的市场做出快速反应,实时响应顾客的需求,定制个性化产品去赢得市场,占领竞争中的有利地位。鉴于此,越来越多的企业正在改变传统的物流机制,逐渐向现代物流与供应链管理方向发展,物流和供应链系统的建立,已成为企业寻求可持续发展战略、增强竞争力的主要手段。

一、企业物流系统概述和分类

(一)企业物流系统概述

关于企业物流的内涵及范畴,可理解为企业物流是以企业经营为核心的物流活动,是具体的、微观物流活动的典型领域。企业物流系统是企业一体化管理的重要组成部分,它以提升顾客价值为目标和驱动力,在企业内部和它的供应、营销、服务等渠道上,对货物、服务和相关信息从货源地到目的地有效流通和储存,以满足顾客要求,并过程进行计划、协调、执行和控制。

(二)企业物流系统的分类

按企业性质不同,有以下不同种类的企业物流系统:

1. 工业生产企业物流

工业生产企业物流是对应生产经营活动的物流,这种物流有四个子系统,即供应物流子系统、生产物流子系统、销售物流子系统及废弃物物流子系统。工业生产企业种类非常多,物流活动也有差异,按主体物流活动区分,可大体分为四种:

(1)供应物流突出的类型;

(2)生产物流突出的类型;

(3)销售物流突出的类型;

(4)废弃物物流突出的类型。

2. 农业生产企业物流

农业生产企业中农产品加工企业的性质及对应的物流与工业企业是相同的。农业种植企业的物流是农业生产企业物流的代表,这种类型企业的四个物流系统是:

(1)供应物流;

(2)生产物流;

(3)销售物流;

(4)废弃物物流。

二、企业物流系统规划概述

企业的物流系统规划主要是根据物流资源建设的国家规划、地区或行业规划,解决如何利用这些资源、改造自身的业务流程、提高周转速度、降低物流成本的问题。就生产企业而言,轻资产运行的新型企业需要改变过去大量投资于生产能力的旧投资方式,而将大量制造业务外包,这样就必须建立诸如供应链之类的物流系统,形成以联盟作为新的组织形式的、虚拟的企业。这就必须对其企业物流系统进行新的构筑,或者对企业的整个流程从物流角度进行再造。所以,规划物流的问题对于生产企业也是非常重要的一件事情,它是在经济全球化背景下,在新的竞争格局的压迫下,生产企业转型以求生存和发展的问题。

企业的物流规划应当着重于以物流支持营销的规划思路。生产企业,尤其是大型生产企业,从营销支持和流程再造角度进行物流的建设规划,会有效地提高企业的素质,增强企业的运营能力。

企业物流系统规划的重点在于现有物流资源的改造和利用。大型企业集团(如业务分布全国的企业集团)的物流类似于行业特点。一般企业的规划则主要是利用外部物流资源,改造自身的物流流程,而不要过多地进行物流资源的建设。

企业物流系统规划流程如图 20-4 所示。首先要确定企业规划目标,如降低企业经营成本、减少固定资产投入、改进顾客服务水平等。降低企业经营成本是指在保持一定的顾客服务水平的条件下尽量将系统总成本降到最低;减少固定资产投入是指规划的实施目标是使系统的总投资最小化,其根本出发点是投资回报最大化。然后进行物流成本分析,即实现上述企业目标的所需要的物流成本,进行物流成本分析时还要注意从企业的全局利益和长远利益来考虑。接着根据物流成本分析结果制定适合企业的物流规划方案,如设施选址、运输规划、库存管理、合同管理、人事管理和作业管理,最后对物流规划方案实施的总体业绩和效果进行评估,以便及时对物流规划方案进行调整。

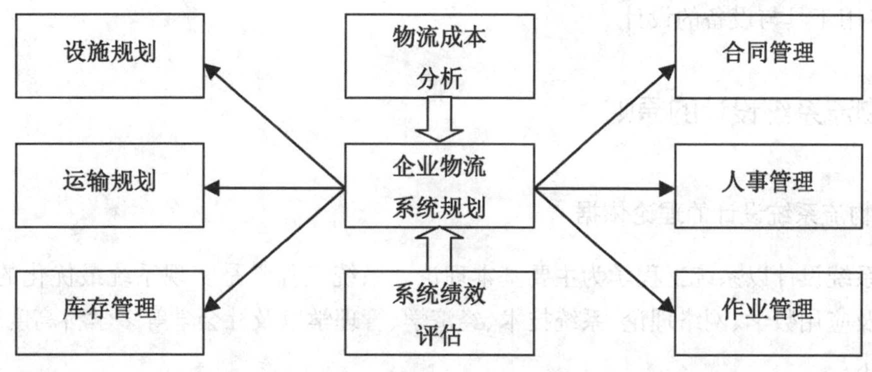

图 20-4 企业物流系统规划

三、企业物流系统规划的基本原则

企业物流系统规划的基本原则包括：

(1)顾客服务驱动原则；

(2)系统总成本最优原则；

(3)多样化细分原则；

(4)延迟原则；

(5)大规模定制原则；

(6)标准化原则。

四、企业物流系统规划的基本内容

企业物流系统规划的基本内容包括：

(1)设定顾客服务水平和服务成本分析；

(2)物流服务网络设计；

(3)物流管理组织结构和管理模式、管理流程的设计；

(4)库存和运输决策；

(5)物流信息系统的设计。

第五节　物流系统设计

一、物流系统设计的含义

物流系统设计工作包括了组织设计和技术设计两部分，其中，组织设计是对物流系统软件结构体系的构想；技术设计是对物流系统硬件结构体系的构想，例如物流基础设施（仓库、货运、分拣装置等），车辆设备（运输车辆、配送车辆、装卸设备等），承载器（托盘系列、集装箱系列等)和专用工具与设备的设计。

二、物流系统设计的原则

(一)物流系统设计的理论依据

物流系统设计以系统工程学为主要基本理论。系统工程学是实现系统最优化的科学,也是一种涉及应用数学、网络理论、系统技术、经济学、管理学以及社会学等多学科高度综合的管理工程技术。

系统工程的核心内容包括:系统管理理论、运筹学数学建模、综合应用方法。

(二)物流系统设计的基本原则

物流系统设计的基本原则,是从物流的需求和供给两个方面谋求物流的大量化、时间和成本的均衡化、货物的直达化以及搬运的省力化。作为实现这种目的的有效条件,有运输、保管的共同化,订货、发货等的计划化,订货标准、物流批量标准等有关方面的标准化和附带有流通加工和情报功能的扩大化等。

三、物流系统设计的内容

(一)物流系统设计的要素

(1)所研究商品的种类、品目(products)。
(2)商品的数量(quantity)。
(3)商品的流向(route)。
(4)服务(service)。
(5)时间(time)。
(6)物流成本(cost)。

(二)物流系统设计的影响因素

(1)物流服务需求。
(2)行业竞争力。
(3)地区市场差异。
(4)物流技术发展。
(5)流通渠道结构。
(6)经济发展水平。
(7)法规、财政、工业标准等。

(三)物流系统设计的内容

1. 组织结构的设计

组织是一切经营活动的载体,也是为规范和协调物流业务活动及相关参与主体利益冲突进行规制安排的一种形式,有效和有效率的物流组织是物流系统管理中至关重要的因素。

2. 网络结构的设计

物流系统网络结构的设计就是以物流利润最大化和服务最优化为目标,确定产品从供应地到需求地流动的结构,需要解决的问题包括:(1)在什么地方建立哪种类型的节点,并确定建立几个节点最合适;(2)怎样给各个节点分配合适的产品与客户,也就是确定各个节点需要服务哪种客户群体,并确定合适的服务产品;(3)节点之间使用哪种运输方式最合适;(4)物流节点与系统如何给客户提供服务。

3. 信息系统的设计

物流信息系统的设计也是对物流信息系统总体功能结构的设计。在这个阶段需要解决的问题包括:(1)确定建立物流信息系统的目的,把握要解决的问题;(2)对系统进行需求分析,建立系统的功能模型和信息模型;(3)进行系统的概要设计和详细设计;(4)系统的实现、运行和维护。

4. 控制机制的设计

在物流系统的实际运营中,其所面临的内部环境、外部环境都是不断变化的,从而导致物流系统的实际输出会偏离物流系统的目标,这时就需要对物流系统的运营进行一定程度的控制。设计一个良好的控制机制,不仅能够使得企业更好地适应不断变化的环境,而且相对于物流市场来说,也增加了企业的市场竞争能力。

5. 物流系统的评价

物流系统评价的内容包括技术性能评价、经济评价、社会环境影响评价以及综合评价。在物流系统评价过程中需要确定评价的程序,建立相应的评价指标体系,包括政策性指标、技术性指标、经济性指标、社会性指标、环境保护指标、时间性指标及资源性指标等,选择评价的模型,分析评价结果以及制订改进的方案和计划。

四、物流系统设计方案的步骤

物流系统设计方案分为以下几个步骤:

(1)确定物流系统设计的目标。

(2)收集物流系统设计所需的基础数据资料,并通过对这些数据的分析,设计出系统方案。其中基础数据的收集包括数据内容和数据源,以此确定样本的容量以及确保之后分析的充分性和准确性。

(3)对物流系统方案进行评估。建立合适的、全面的评估体系,对上一阶段设计的方案进行评估,然后选择最优或者满意的方案。

(4)物流系统方案实施。

(5)实施过程中对实施方案的追踪,对实施方案进行评价并得出结果。根据评价结果,如需要改进,则提出相应的改进计划。

参考文献

[1] 张赫,李振福. 交通运输与物流工程[M]. 大连:大连海事大学出版社, 2007.

[2] 郭洪太,刘雅杰. 交通运输管理[M]. 北京:人民交通出版社, 2005.

[3] 傅莉萍. 运输管理[M]. 北京:清华大学出版社, 2015.

[4] 孙家庆,唐丽敏. 国际货物运输设计与管理[M]. 北京:中国物资出版社, 2012.

[5] 梁金萍. 运输管理[M]. 北京:机械工业出版社, 2010.

[6] 孙家庆. 物流运输组织与管理[M]. 大连:大连海事大学出版社, 2004.

[7] 李林,刘威. 信息化建设发展历程中交通运输管理创新[J]. 科技创新与应用,2015(7):300-301.

[8] 赵丽霞,高月娥. 关于世界交通运输发展历程及启示[J]. 黑龙江交通科技,2009(3):108-111.

[9] 王述英. 物流运输组织与管理[M]. 北京:电子工业出版社, 2011.

[10] 朱艳茹,卢明银,吴鼎新. 交通运输企业管理[M]. 南京:东南大学出版社,2012.

[11] 路军. 物流运输组织与管理[M]. 北京:国防工业出版社,2011.

[12] 夏征农,陈至立. 辞海[M]. 上海:上海辞书出版社,2009.

[13] 王喜福. 大数据与智慧物流[M]. 北京:清华大学出版社,2015.

[14] 陈才君,柳展,钱小鸿,等. 智慧交通[M]. 北京:清华大学出版社,2015.

[15] 许豪. 云计算导论[M]. 西安:西安电子科技大学出版社,2015.

[16] 何承,朱杨勇. 城市交通大数据[M]. 上海:上海科学技术出版社,2015.

[17] 王杰,徐庆利. 交通运输政策概论[M]. 大连:大连海事大学出版社,2015.

[18] 李喜刚. 电子数据交换在物流系统中的应用[D]. 西安:西安电子科技大学,2007.

[19] 李馥佳. EDI 在集装箱配载中的应用[D]. 大连:大连海事大学,2010.

[20] 张静丽. 大部制下交通运输行政管理体制改革研究[D]. 西安:长安大学,2015.

[21] 李亿豪. 互联网+[M]. 北京:中国财富出版社,2015.

[22] 王炜,徐吉谦,杨涛. 城市交通规划理论及其应用[M]. 南京:东南大学出版社,1998.

[23] 严新平,吴超仲. 智能运输系统[M]. 武汉:武汉理工大学出版社,2006.

[24] 徐吉谦. 交通工程总论[M]. 北京: 人民交通出版,2002.

[25] 平海. 物流系统设计与分析[M]. 北京: 清华大学出版社,北京交通大学出版社,2010.

[26] 贾平. 现代物流管理[M]. 北京:清华大学出版社,2011.

[27] 施国洪. 物流系统规划与设计[M]. 重庆:重庆大学出版社,2009.

[28] 王丰,姜大立. 物流工程概论[M]. 北京:首都经济贸易大学出版社,2008.

[29] 孙家庆. 物流运输管理[M]. 大连:大连海事大学出版社,2016.

[30] 章玉,胡兴华,王佳. 交通规划模型[M]. 北京:中国建筑工业出版社,2015.

[31] 石林,陈明志. 物流管理信息系统[M]. 北京:经济科学出版社,2007.

[32] 琚春华,蒋长兵,彭扬. 现代物流信息系统[M]. 北京:科学出版社,2005.

[33] 严余松. 物流信息与技术[M]. 成都:西南交通大学出版社,2006.

[34] 陈焕江,高利. 物流工程[M]. 北京:人民交通出版社,2006.

[35] 方仲民. 物流系统规划与设计[M]. 北京:机械工业出版社,2003.

[36] 王炜,过秀成. 交通工程学[M]. 南京:东南大学出版社,2011.

[37] 沈志云,邓学钧. 交通运输工程学[M]. 北京:人民交通出版社,2003.

[38] 徐循初. 城市道路与交通规划[M]. 北京:中国建筑工业出版社,2008.

[39] 宋瑞. 交通运输设备[M]. 北京:中国铁道出版社,2007.

[40] 王艳珍,刘萍,李继成. 物流学概论[M]. 哈尔滨:哈尔滨工业大学,2008.

[41] 王侃,吕向丽. 运输与运载[M]. 北京:中国物资出版社,2009.

[42] 陆华. 物流系统战略规划设计理论与方法研究[D]. 武汉:武汉理工大学,2003.

[43] 张赫,杨兆升. 无检测器交叉口交通流量预测方法综合研究[J]. 公路交通科技,2002(1):91-95.

[44] 王炜, 杨新苗, 陈学武. 城市公共交通系统规划方法与管理技术[M]. 北京:科学出版社,2002.

[45] 王殿海,金盛,马东方,等. 城市交通控制理论与方法[M]. 北京:电子工业出版社,2017.

[46] 周雨阳,王扬,陈艳艳. 交通系统工程前沿理论与方法[M]. 北京:人民交通出版社,2016.

[47] 欧冬秀. 交通信息技术[M]. 南京:东南大学出版社,2014.

[48] 李家杰,郑义. 影响城市道路通行能力因素分析[J]. 道路交通,2006(3):19-20.

[49] 钟连德,李秀文,荣建,等. 城市快速路基本路段通行能力的确定[J]. 北京工业大学学报,2006(7):67-72.

[50] 熊烈强,李杰,商蕾,等. 路段通行能力及其服务水平指标的研究[J]. 武汉理工大学学报,2004(4):10-15.

[51] 马健霄,吕志英,王大明. 城市道路通行能力分析与改善技术[J]. 南京林业大学学报,2001(2):123-126.

[52] 杨琪,王炜. 路段通行能力的动态微观仿真研究[J]. 东南大学学报,1998(3):68-70.

[53] 茹红蕾,邵敏华,孙立军. 城市道路等效通行能力的交通流模型选择[J]. 交通与计算机,2007(2):21-25.

[54] 陆化普. 交通规划理论与方法[M]. 北京:清华大学出版社,2006.

[55] VISSIM420 中文用户手册. PTV Planung Transport Verkehr AG. 2000.